O Século da Canção

CONSELHO EDITORIAL

Beatriz Mugayar Kühl – Gustavo Piqueira
João Angelo Oliva Neto – José de Paula Ramos Jr.
Leopoldo Bernucci – Lincoln Secco – Luís Bueno
Luiz Tatit – Marcelino Freire – Marco Lucchesi
Marcus Vinicius Mazzari – Marisa Midori Deaecto
Paulo Franchetti – Solange Fiúza
Vagner Camilo – Wander Melo Miranda

Luiz Tatit

O Século da Canção

Ateliê Editorial

Copyright © 2004 by Luiz Tatit
Direitos reservados e protegidos pela Lei 9.610 de 19.02.1998.
É proibida a reprodução total ou parcial sem autorização,
por escrito, da editora.

1ª edição, 2004
2ª edição, 2008
3ª edição, 2022

Dados Internacionais de Catalogação na Publicação (CIP)
(Câmara Brasileira do Livro, SP, Brasil)

Tatit, Luiz
O Século da Canção / Luiz Tatit. – 3. ed. – Cotia, SP : Ateliê
Editorial, 2021.

ISBN 978-65-5580-036-4

1. Música 2. Música – Brasil 3. Música – Século 20
4. Música popular brasileira – História I. Título.

21-64338   CDD-781.630981

Índices para catálogo sistemático:

1. Música popular brasileira : História   781.630981
Maria Alice Ferreira – Bibliotecária – CRB-8/7964

Direitos reservados à

Ateliê Editorial
Estrada da Aldeia de Carapicuíba, 897
06709-300 – Cotia – SP – Brasil
Tel.: (11) 4702-5915
www.atelie.com.br
contato@atelie.com.br
 /atelieeditorial
blog.atelie.com.br
Foi feito depósito legal

Impresso no Brasil 2022

*Este trabalho foi realizado com bolsa de
Produtividade em Pesquisa concedida pelo CNPq.*

Sumário

Apresentação	11
Leitura Geral	
A Sonoridade Brasileira	19
O Século xx em Foco	69
A Triagem e a Mistura	91
Detalhamento	
A Costura dos Cancionistas: A Autoria	113
Alinhavando a Canção: O Samba-Samba	141
O Nó do Século: Bossa Nova e Tropicalismo	175
O Desenlace: O Leque das Dicções	225
Bibliografia	247

Apresentação

Se o século xx tivesse proporcionado ao Brasil apenas a configuração de sua canção popular poderia talvez ser criticado por sovinice, mas nunca por mediocridade. Os cem anos foram suficientes para a criação, consolidação e disseminação de uma prática artística que, além de construir a identidade sonora do país, se pôs em sintonia com a tendência mundial de traduzir os conteúdos humanos relevantes em pequenas peças formadas de melodia e letra.

Toda a sociedade brasileira – letrada ou não-letrada, prestigiada ou desprestigiada, profissional ou amadora – atuou nesse delineamento de perfil musical que, no final do século, consagrou-se como um dos mais fecundos do planeta, em que pese a modesta presença da língua portuguesa no cenário internacional.

Nossa canção incorporou ao longo desse período uma grande variedade de fisionomias que, embora não trouxesse qualquer obstáculo para o pronto reconhecimento da maioria dos ouvintes, tornou trabalhosa sua definição artística e, acima de tudo, sua apre-

O SÉCULO DA CANÇÃO

ciação crítica. Comportou-se como um organismo mutante que ludibriava os observadores por jamais se apresentar com o mesmo aspecto. Onde o comentarista procurava coerência melódica, encontrava fragmentos entoativos independentes. Onde procurava soluções poéticas, deparava-se com a fala crua. Quando examinava o ritmo de fundo, a informação estava na melodia de frente. Quando focalizava o arranjo, este era apenas um recurso a serviço do canto. Quando a autenticidade tornava-se um valor, sobressaiam-se as influências estrangeiras. Quando se esperava maior complexidade harmônica, reentravam em cena os três acordes básicos e nem por isso a canção perdia o seu encanto. Se o julgamento recaía sobre o conteúdo da letra, vingavam as músicas para dançar. Se a novidade estética tornava-se um critério de avaliação, predominavam as fórmulas padronizadas de sucesso comercial. Enfim, sem contar com um mínimo de consenso sobre o que a define como expressão artística, a canção brasileira converteu-se em território livre, muito frequentado por artistas híbridos que não se consideravam nem músicos, nem poetas, nem cantores, mas um pouco de tudo isso e mais alguma coisa.

Dentro desse panorama, uma leitura do que foi o século xx para a canção brasileira reduz-se automaticamente a um tratamento parcial do tema, conduzido por um ponto de vista seletivo incapaz de fazer justiça à riqueza das tendências coexistentes em cada ciclo histórico. Assumimos, porém, essa parcialidade na esperança de que esta leitura suscite, ou melhor, incite outras, se não por necessidade de complementação ao menos como sinal de desagravo a tudo que aqui foi dito. Todas serão benvindas e todas serão também parciais. De qualquer modo, precisamos dessas iniciativas incompletas para iluminar alguns pontos do vasto universo cancional, até que seja possível – quanta esperança! – ostentar uma compreensão mais

APRESENTAÇÃO

abrangente e representativa dos numerosos itinerários trilhados pelos artistas da voz no decorrer da era novecentista.

Apresentamos na primeira parte deste volume (Leitura Geral) um apanhado dos acontecimentos que tiveram papel determinante na configuração da sonoridade brasileira a partir do formato "melodia e letra". Seus três capítulos levantam facetas diversas e complementares da mesma leitura geral. O primeiro, "A Sonoridade Brasileira", faz menção a alguns antecedentes históricos que contribuíram para a escolha da oralidade como principal marca do mundo sonoro brasileiro e encadeia os fatos musicais do século xx que fundamentaram nossa leitura e que, portanto, serão reconsiderados nos capítulos seguintes. Já o segundo, "O Século xx em Foco", concentra-se no surgimento do cancionista brasileiro como sujeito de um modo de dizer cujos princípios requerem critérios especiais de avaliação. Examina também a fase moderna da canção nacional e especialmente os gestos *extensos* da bossa nova e do tropicalismo. O terceiro capítulo sintetiza a leitura dos cem anos de canção, valendo-se das noções de *triagem* e *mistura* para a depreensão dos agentes que provocaram mudanças significativas no perfil das composições.

Na segunda parte (Detalhamento), procuramos revelar as tendências mais importantes que deram origem à produção, ao mesmo tempo artística e comercial, dessas pequenas obras, além de surpreender os instantes decisivos em que a evolução cancional adotava nova inflexão. Para tanto, reinterpretamos diversas circunstâncias históricas, mas sobretudo retiramos da análise direta de algumas canções exemplares as condutas artísticas inscritas, em cada época, na relação da melodia com a letra. Assim, no quarto capítulo, "A Costura dos Cancionistas", acompanhamos os passos dos primeiros cantadores, improvisadores, ritmistas, revistógrafos,

O SÉCULO DA CANÇÃO

pianeiros e violeiros rumo a um modelo de composição digno do conceito de "autoria". No quinto, "Alinhavando a Canção", avaliamos a razão pela qual o modo de dizer dos anos trinta resultou na criação do samba moderno e de suas variações estilísticas, o que trouxe um prumo definitivo para a música brasileira. No capítulo seguinte, "O Nó do Século", aprofundamos a reflexão sobre a relevância dos gestos artísticos lançados pela bossa nova e o tropicalismo, salientando sua influência ampla e complementar nos destinos da canção brasileira. No último ("O Desenlace"), por fim, arriscamos "outra" interpretação da controvertida sonoridade brasileira que grassou nos principais meios de comunicação ou nos núcleos alternativos durante o período derradeiro do século. Deixamos de lado muitas obras, muitos nomes e fatos da mais alta importância apenas por não terem sido elucidativos do enfoque aqui adotado.

* * *

Enquanto redigíamos este trabalho, alguns capítulos, ou trechos deles, foram sendo publicados em obras coletivas, revistas, jornais ou sites eletrônicos. Uma versão do primeiro capítulo está no livro *Descobertas do Brasil* (Brasília, Editora da Universidade de Brasília, 2001, pp. 239-271), organizado por Angélica Madeira e Mariza Veloso. Do segundo, uma versão com o título de "Revisão dos Cem Anos de Canção Brasileira" integrou o número 29 da *Revista do Patrimônio* (Rio de Janeiro, IPHAN, 2001, pp. 282-299). O terceiro capítulo, em versão quase definitiva sob o título "Quatro Triagens e Uma Mistura: A Canção Brasileira no Século XX", fez parte da publicação *Ao Encontro da Palavra Cantada* (Rio de Janeiro, 7 Letras, 2001, pp. 223-236), organizada por Cláudia Matos, Elizabeth Travassos e Fernanda Medeiros. A análise de *Garota de*

APRESENTAÇÃO

Ipanema incluída no sexto capítulo também já teve uma versão intitulada "Analysing popular songs" que integrou o livro *Popular Music Studies* (London, Arnold, 2002, pp. 33-50) editado por David Hesmondhalgh e Keith Negus.

Fragmentos sobre a bossa nova, constantes do sexto capítulo, foram publicados no Caderno de Cultura Especial do Jornal *Zero Hora* de 25.4.1998, enquanto trechos do último capítulo foram lançados no artigo "A Canção Brasileira de Ontem, Hoje e Amanhã" que compõe o volume *À Margem dos 500 Anos: Reflexões Irreverentes* (São Paulo, Edusp, 2002, pp. 245-251), editado por Maria Ligia C. Prado e Diana Gonçalves Vidal, e em artigos publicados pela *Folha de S. Paulo* de 12.4.1998 e pelo site do Instituto Itaú Cultural.

Em 2016, o capítulo "O Século xx em Foco" foi republicado pela Funarte (RJ), no volume *Música* (Coleção Ensaios Brasileiros Contemporâneos), organizado por Marcos Lacerda.

LEITURA
GERAL

A Sonoridade Brasileira

Os Primeiros Sons

A atuação do corpo e da voz sempre balizou a produção musical brasileira. A dança, o ritmo e a melodia por eles produzidos deram calibre à música popular e serviram de âncora aos voos estéticos da música erudita. Em todos os períodos, desde o descobrimento, a percussão e a oralidade vêm engendrando a sonoridade do país, ora como manifestação crua, ora como matéria-prima da criação musical; ora como fator étnico ou regional, ora como contenção dos impulsos abstratos peculiares à linguagem musical.

Embora resulte mais de um simulacro construído pelos historiadores do que de provas documentais – de resto inexistentes –, o vínculo entre a produção sonora do primeiro século de colonização e o ritual religioso dificilmente poderia ser refutado. A reconstituição indireta (fundada em cartas e depoimentos com outras finalidades) que normalmente se faz da sonoridade desse período identifica uma certa fusão das práticas nativas com a atividade

O SÉCULO DA CANÇÃO

doutrinária dos jesuítas: do lado indígena, a música de encantação – "magia, religiosidade, rito propiciador de espíritos, defuntos e trabalhos coletivos"[1] –, mais rítmica que melódica, pautada por um instrumental singelo, à base de percussão e sopros rudimentares (apitos, gaitas, flautas de madeira etc.); do lado português, os hinos católicos de celebração e catequese, mais melódicos que rítmicos, ressoando o canto gregoriano do medievo europeu, mas também cantos coletivos de lazer que beiravam o profano. Esses últimos, oriundos das festas rurais da metrópole, exerciam poderosa atração sobre os nativos, de tal sorte que os jesuítas logo depreenderam pontos de encontro entre as duas tradições e não deixavam de evocá-los durante os ritos e cerimônias frequentemente celebrados. Pelas descrições – duvidosas, mas nem por isso menos interessantes – que nos chegam dessas festividades religiosas, podemos até reconhecer traços precursores dos blocos carnavalescos de hoje. Com efeito, o Padre Manuel da Nóbrega teria caracterizado, segundo Serafim Leite, a realização da procissão de Corpus Christi diante dos índios como um desfile dançante que se estendia pelas ruas enfeitadas com ramos de árvores e que incorporava "danças e invenções alegóricas à maneira de Portugal", como se fossem alas (com "mouriscas, danças, coros, músicas, bandeiras, representações figuradas, folias etc.") das atuais escolas de samba[2].

Já nessa época as inflexões melódicas gregorianas, ritmicamente livres em seus contornos afinados com a oratória, cediam espaço às palavras cantadas dos índios, adaptando-lhes o conteúdo

1. Cf. Mário de Andrade, *Pequena História da Música*, São Paulo/Brasília, Martins/INL, 1976, p. 20.
2. Cf. José Ramos Tinhorão, *História Social da Música Popular Brasileira*, Lisboa, Editorial Caminho, 1990, p. 36. O autor se vale do primeiro volume de *Cartas dos Primeiros Jesuítas do Brasil*, documento preparado por Serafim Leite para o IV Centenário da Cidade de São Paulo de 1954.

A SONORIDADE BRASILEIRA

aos dogmas católicos, mas conservando a inteligibilidade da língua de origem. Se no interior das primeiras igrejas mantinha-se até certo ponto a liturgia portuguesa, ao seu redor, as folias musicais já não eram muito ortodoxas e, à medida que se distanciavam do templo, os elementos terrenos – o chão, o corpo e a voz – iam tomando conta das práticas sonoras. Com a chegada dos africanos, no último período do século, a percussão e a dança foram gradativamente reforçadas pela "dicção negra" que escapava pelas frestas da servidão escravista, malgrado todas as restrições ao lazer sofridas por esse povo.

A partir da entrada do século XVII, cresce a importância étnica do negro na sociedade brasileira. Eram cerca de vinte mil indivíduos, entre africanos e descendentes, que cumpriam suas tarefas braçais, mas que a esta altura já buscavam de algum modo reconstruir sua identidade na nova condição. Ao mesmo tempo que perdiam alguns elos entre suas práticas cotidianas e as entidades espirituais invocadas pela dança, os negros revitalizavam seus batuques, unindo, nos poucos momentos de folga, religião e lazer. A retomada dos *calundus* africanos (ritmos e danças de natureza religiosa mesclados a vaticínios e curas) data dessa época. A idolatria contida nesses rituais, seus efeitos ruidosos e hipnóticos, suas manifestações pagãs, que sempre importunaram os senhores, foram se tornando insuportáveis no momento em que setores da sociedade branca começaram a integrar as rodas de batuque e a participar diretamente das cerimônias. Não podendo mais frear uma das únicas formas de escape do cotidiano escravista, que já ganhara a força de quase um século de implantação, as autoridades brasileiras da época contentaram-se em separar rito social de rito religioso, tolerando o primeiro, mas coibindo duramente as práticas do segundo[3].

---

3. Daí os encontros clandestinos, realizados em terreiros fora do centro urbano e longe dos povoados rurais, que deram origem às atuais manifestações de candomblé.

O SÉCULO DA CANÇÃO

Desses "batuques de negros" voltados para o lazer, mas ainda repletos de signos religiosos e de seu "canto responsorial"[4], espécie de diálogo de uma voz solo com o coro, nascem as principais diretrizes da sonoridade brasileira. Como já nascem reforçadas por melodias e sons de viola de participantes descendentes de europeus, não podemos deixar de registrar – o que nem sempre é muito lembrado – a importante influência branca (por vezes já mulata ou mameluca) nos rituais negros que geraram a música do país.

O caráter lascivo e voluptuoso dessas produções sonoras dos primeiros séculos, que tanto incomodou a moral europeia ainda em tempos de Inquisição, tem sua origem na *umbigada*, ritmo e dança já praticados no Continente Negro com a finalidade estrita de antever, com representações alegóricas, as cenas amorosas que sucedem a cerimônia do casamento ("lemba" ou "lembamento" para os africanos) nos países assolados pelo tráfico humano. De fato, a umbigada descrevia justamente o roçar de baixo ventre entre os parceiros que assumiam o centro da dança nos batuques. Ao que parece, os negros do sul de Angola chamavam essa cena de *semba*, de cuja variação sonora teria derivado mais tarde o nosso *samba*[5].

De qualquer forma, o que importa dessa origem é sua caracterização como instância corpórea e terrena sobre a qual se compõe, decompõe e recompõe continuamente a história da música brasileira. Do popular ao erudito, passando mesmo pela música religiosa, o que se verifica ao longo dos quinhentos primeiros anos de Brasil

Esses terreiros são, por isso, até hoje chamados de "roça" (cf. José Ramos Tinhorão, *Os Sons dos Negros no Brasil*, São Paulo, Art Editora, 1988, p. 45).

4. Expressões empregadas por J. R. Tinhorão, *idem*, p. 46.

5. Cf. Mário de Andrade, *Dicionário Musical Brasileiro*, Belo Horizonte/São Paulo, Itatiaia/Edusp, 1989, p. 453; José Ramos Tinhorão, *Os Sons dos Negros no Brasil*, pp. 47-49.

A SONORIDADE BRASILEIRA

é uma enorme resistência ao excessivamente abstrato e sublime. E, como veremos, não bastou compensar o gesto puramente musical com exaltações da terra de origem, pois essa terra sobre a qual o corpo praticava seus giros na umbigada sempre esteve muito mais para o plano "terreno" (o "barro do chão"), com seus valores mundanos, do que para a noção de pátria.

Compreende-se, nesse contexto, a importância do poeta barroco do século XVII, Gregório de Matos Guerra, que, com sua produção híbrida entre a literatura e a expressão oral, transitou pela devoção religiosa, pela lírica, pela sátira e pelos jogos obscenos, dando mostras de que um gênero inusitado, ainda embrionário, se formava no Brasil. O sempre surpreendente autor baiano fez em seus versos alusão aos "Lundus"[6] (derivação de calundus), na acepção original de entidade espiritual invocada nos rituais de batuque, mas, ao mesmo tempo, revelou o lado diletante da prática que, cada vez mais, atraía participantes em busca de diversão. José Ramos Tinhorão destaca com bastante procedência o lado *cancionista*[7] do poeta, apontando sua predileção pelo "fundo de acompanhamento à viola" e pela "forma de canto falado"[8]. Fruto dos primeiros sinais de urbanização na Bahia, o literato Gregório de Matos teria sido um compositor popular *avant la lettre*, autor de letras memoráveis, que também se aventurava com êxito pela poesia erudita. Acrescente-se a isso que sua futura reputação de poeta de apógrafos – já que as obras que lhe são atribuídas vieram

6. Tinhorão dissocia "Lundus" ou "Calundus" do gênero lundu, precursor do samba moderno cuja origem branca ou mestiça esteve sempre agregada à vida profana. Seguindo as palavras do moralista Nuno Marques Pereira, o autor afirma que os calundus estão invariavelmente vinculados à religião.
7. Tivemos oportunidade de definir detalhadamente essa noção em *O Cancionista: Composição de Canções no Brasil*, São Paulo, Edusp, 1996. De todo modo, no segundo capítulo, retomaremos resumidamente o conceito.
8. Cf. J. R. Tinhorão, *História Social da Música Popular Brasileira*, p. 47.

O SÉCULO DA CANÇÃO

à luz em meio às de outros autores da época sem maiores comprovações de autenticidade –, reunindo em si uma "constelação de poetas"[9] anônimos, apenas reforça a hipótese de uma caracterização precoce do cancionista, sobretudo aquele que habitará o Rio de Janeiro nas primeiras décadas do século XX, quando tudo apenas estaria por começar: o disco, o rádio e os direitos autorais. De fato, no tempo de Sinhô, Donga e outros, as canções também voavam como "passarinhos" e apenas alguns nomes acabaram encarnando o coletivo.

RUMO AO SUBLIME

No início do período setecentista, enquanto o Brasil provia a Europa com suas matérias-primas, dentre as quais brilhavam o ouro e os diamantes de Minas Gerais, e já convivia com focos de revolta e insatisfação pela condição de colônia espoliada, a igreja, eterna representante da corte e dos valores do Velho Continente, criava em seus domínios verdadeiros redutos para o "refinamento" da atividade musical. Eram ordens e irmandades que patrocinavam a formação religiosa, artística e cultural de mulatos, abrindo-lhes um horizonte bem distanciado dos sons do batuque trazidos por seus ancestrais. Pois coube também a esses descendentes da antiga sonoridade espontânea e basicamente percussiva que brotara nos terreiros nacionais empreender o primeiro passo brasileiro rumo ao sublime, às melodias celestiais que, pela própria natureza, não podiam sequer fazer alusão às origens pagãs do povo escravizado.

---

9. Cf. Wilson Martins, *História da Inteligência Brasileira*, vol. I, São Paulo, Cultrix/Edusp, 1976, p. 227.

A SONORIDADE BRASILEIRA

Assim, favorecidos pela riqueza gerada no período de exploração do ouro em Minas Gerais, compositores mestiços como José Joaquim Emerico Lobo de Mesquita, Francisco Gomes da Rocha e Marcos Coelho Neto deixaram uma obra musical, com função religiosa, de grande valor[10]. Mais tarde, também impulsionado pela igreja – da qual, inclusive, tornou-se membro ativo –, mas militando no Rio de Janeiro, cidade que, com a chegada de D. João VI em 1808, tornou-se o centro das decisões do Reino Unido, o padre José Maurício Nunes Garcia, dono de especial talento musical, aproveita sua nomeação como mestre de capela, organista e professor da Capela Real para elaborar uma expressiva produção que, posteriormente, seria tomada como a pedra fundamental da música erudita no país[11].

Raízes da Canção

Durante esse mesmo período, desde meados do século xviii, na faixa popular, assistia-se à "cancionalização" dos batuques africanos fortalecida pelo aumento da participação de mestiços e brancos das classes inferiores nas rodas musicais. O estalar dos dedos, típico do fandango ibérico e a introdução de acompanhamento de viola são marcas da influência branca e da transformação quase total dos rituais negros em música para a diversão. Além disso, as pequenas peças cômicas (os entremezes) levadas ao teatro, que incorporavam essas danças e canções populares, encarregaram-se

---

10. Essa intensa vida musical em Minas Gerais no período setecentista foi tema de pesquisa, já em meados do século xx, do musicólogo alemão, radicado no Uruguai, Kurt Lange que conseguiu recuperar manuscritos totalmente inusitados da biblioteca musical da família real.

11. Já que a redescoberta da música mineira do século xviii é relativamente recente.

O SÉCULO DA CANÇÃO

de difundir o gênero – a esta altura já conhecido como *lundu* – entre os membros da classe média nascente. Sem perder o fundo rítmico dos batuques, agora havia também a melodia do canto para descrever o sentimento amoroso, muitas vezes convertida em refrãos, e a presença mais destacada da oralidade para o diálogo de personagens e os "recitativos" cômicos.

O primeiro caso de influência de um artista brasileiro em setores da sociedade portuguesa também foi verificado no contexto popular. Domingos Caldas Barbosa, autor e intérprete de lundus e modinhas, bem como de entremezes, nos quais empregava saborosas expressões do universo mulato brasileiro, conheceu um sucesso apreciável em Lisboa a partir de 1775. O etnomusicólogo Gerard Béhague descobriu em 1968, na Biblioteca da Ajuda, em Portugal, um caderno intitulado *Modinhas do Brasil*, do final do século XVIII, que incluem canções da lavra de Domingos Caldas Barbosa. Trata-se de partituras escritas para dois sopranos e com algumas notações simbólicas que trazem informações preciosas – talvez as únicas – sobre o ritmo popular desses primeiros lundus[12]. Algumas consequências desses achados podem ser imediatamente registradas.

Em primeiro lugar, a comprovação de que a modinha foi do Brasil para a Europa e não o contrário, como chegou a afirmar Mário de Andrade em conhecido trabalho[13]. Em segundo, estamos

---

12. Essas informações estão em J. R. Tinhorão, *Os Sons dos Negros no Brasil*, pp. 59-60. Segundo o autor, a pesquisa de Béhague foi possível graças à "organização do catálogo de manuscritos musicais da Biblioteca da Ajuda", promovida por Mariana Amélia Machado Santos e publicada em nove volumes de 1958 a 1968. *Idem*.

13. *Idem*, p. 91. Mário de Andrade faz essa declaração na introdução de seu volume *Modinhas Imperiais*, São Paulo, Martins, 1964, pp. 6-8. A edição original deste trabalho data de 1930 enquanto o caderno de *Modinhas do Brasil*, que permitiu a revisão dessas direções de influência, só seria revelado em 1968.

diante de um caso no qual a produção popular, além de romper as fronteiras nacionais e alcançar enorme êxito em terras portuguesas, chega a se confundir com árias de ópera no domínio erudito-europeu. Se pensarmos que as obras de fato eruditas criadas na mesma época por mulatos brasileiros, conforme comentamos anteriormente, mal ultrapassaram as fronteiras da igreja ou da corte local, é notável verificar que desde então – deixando um pouco de lado as circunstâncias de época – a ascendência do Brasil no plano musical já emanasse da produção popular.

Por fim, há que se considerar que a música de Domingos Caldas Barbosa representou a configuração do tripé sobre o qual veríamos erigir, no século xx, a canção popular que invadiu todas as faixas sociais pelos meios de comunicação de massa e que se projetou a uma escala internacional a partir da década de 1960. Suas peças baseavam-se num aparato rítmico oriundo dos batuques, suas melodias deixavam entrever gestos e meneios da fala cotidiana, o que lhe permitia "dizer" o texto com graça e com força persuasiva, e, finalmente, suas inflexões românticas, expandindo o campo de tessitura das canções, introduziam um certo grau de abstração sublime (distante do chão), mas, mesmo assim, não se desprendiam do corpo do intérprete (considerado como o sujeito que sente). Tais características, consubstanciadas nos lundus e nas modinhas de Caldas Barbosa, anunciavam a consolidação de um gênero que vinha se formando desde o encontro alegre[14] dos portugueses com os índios de Pindorama,

---

14. O tom alegre desse encontro baseia-se no célebre registro de Pero Vaz de Caminha que relata o contato amistoso de um dos membros da esquadra cabralina, acompanhado de um "gaiteiro", com os índios aqui encontrados: "E meteu-se a dançar com eles, tomando-os pelas mãos; e eles folgavam e riam, e andavam com ele muito bem ao som da gaita". Cf. J. R. Tinhorão, *História Social da Música Popular Brasileira*, p. 34.

O SÉCULO DA CANÇÃO

mas, principalmente, desde a chegada trágica do povo africano ao país, em meados do período quinhentista. Anunciavam também o começo do estilo brasileiro de compor que, durante o século seguinte, viria a se equipar esteticamente – sem o saber – para a era do disco e do rádio.

"Internacionalismo Musical"

Enquanto isso, impulsionada pela experiência mineira e principalmente pelos enlevos religiosos do padre José Maurício, a música erudita abstraía-se da sonoridade nativa em busca de um "internacionalismo musical"[15], agora profano, que marcaria a passagem do Brasil-colônia ao Brasil-império. Embora com poucos nomes que mereçam destaque, o fio condutor desse período pode ser facilmente identificado nas entregas de bastão do citado padre a Francisco Manuel da Silva e deste a Antonio Carlos Gomes. Mário de Andrade destaca o papel essencial de Francisco Manuel da Silva, como músico "sistematizador"[16] e empreendedor, na formação da escola musical brasileira que apenas se iniciava nos meados do século XIX. Dentre numerosas realizações, criou o Conservatório Musical e mais tarde a Academia Imperial de Música e Ópera Nacional, além de lutar para que a teoria fosse devidamente implantada nessas instituições e para reduzir o abismo existente entre a incipiente música culta brasileira e a madura, diversificada e exuberante música europeia.

De fato, se Francisco Manuel da Silva não teve, ele próprio, uma produção musical muito expressiva – ressalvando nosso

---

15. A expressão é de Mário de Andrade, *Aspectos da Música Brasileira*, São Paulo, Martins, 1965, p. 27.
16. *Idem*, p. 26.

A SONORIDADE BRASILEIRA

belo Hino Nacional que curiosamente não fora composto com esta finalidade[17] –, seu esforço em prol de uma música brasileira acabou consolidando e ao mesmo tempo desencadeando, pela primeira vez fora do contexto religioso, aquilo que José Miguel Wisnik denomina "tradição escrita"[18]. Mesmo estando longe de incorporar a admirável técnica dos compositores do Velho Mundo, os representantes nativos já podiam com eles partilhar os anseios estéticos.

Carlos Gomes é talvez o fruto maior dessas iniciativas do autor do Hino. Formando-se nas instituições cariocas criadas pelo velho músico, o compositor campineiro logo revelou um dom especial para as elaborações melódicas e, consequentemente, para os conteúdos passionais delas resultantes. Daí sua atração pelo melodrama explícito, oriundo das partituras de Verdi-Rossini- -Donizetti, numa época em que o próprio imperador D. Pedro II, seu incentivador, manifestava preferência pelo estilo mais denso e cerrado de Wagner. A influência italiana prevaleceu e o gesto internacionalista de Carlos Gomes foi recompensado pelo enorme sucesso de *Il Guarany*, em 1870, no palco do Scala. Igualmente importante, no nosso entender, foi o êxito nacional de sua modinha *Quem Sabe?*, composta em 1859 sem qualquer pretensão, que se encontra até hoje impregnada daquele sentimento cúmplice que leva os brasileiros a adotarem canções como saliências significativas de sua história. O caráter solene de "Tão

17. Sua melodia teria sido composta em 1831 para celebrar a abdicação de D. Pedro I (Sete de Abril). Só viria a ser oficialmente reconhecido como Hino Nacional Brasileiro em 1890 e receberia a letra de Osório Duque Estrada em 1909 (cf. *Enciclopédia da Música Brasileira*, São Paulo, Art Editora, 1998, p. 365).
18. Em CD-ROM, Página da Web, *Brasil em Foco* / Arte e Cultura / Música (Projeto "É Tempo de Brasil"), Ministério das Relações Exteriores-Assessoria de Comunicação Social, Editora Terceiro Nome.

O SÉCULO DA CANÇÃO

longe, de mim distante", denunciando a presença das árias eruditas na singela composição do autor romântico, apenas confirma
que as modinhas brasileiras já continham a dicção europeia como
parte integrante do gênero.

Mas foi no terreno erudito que Carlos Gomes conquistou sua
posição de principal compositor brasileiro do século xix e, ao
mesmo tempo, de principal alvo das críticas modernistas que, no
século seguinte, viria com uma forte proposta de música nacionalista. Para expoentes como Mário de Andrade ou Villa-Lobos, seria
desejável que, ao invés de inspirar-se na temática indígena para
a concepção de seus personagens melodramáticos, valendo-se de
soluções musicais tipicamente italianas, o músico tivesse se apropriado do nosso material folclórico, a esta altura já tipificado como
choro, maxixe, samba, toada ou os consagrados lundu e modinha,
e convertido seus torneios musicais em soluções verdadeiramente
eruditas. Nesse sentido, os que teriam dado os primeiros passos
na direção nacionalista foram o paulistano Alexandre Levy e, logo
em seguida, o cearense Alberto Nepomuceno que chegou a adotar
o português na execução de seus cantos.

Rumo ao Terreno

Acontece que os mais autênticos "nacionalistas" da sonoridade brasileira, na alvorada do século xx, nem sequer sabiam
que a questão nacionalista já era matéria de intensa reflexão
entre os artistas e pensadores do país e permaneceria em pauta
até pelo menos os anos 1950. Trata-se dos frequentadores dos
terreiros de Tia Ciata e de outras tias descendentes de escravos,
que a essa época transferiam para o Rio de Janeiro a cultura
e os costumes gerados em Salvador. A Abolição ainda era fato

A SONORIDADE BRASILEIRA

recente e nada mais apaziguador para a comunidade de negros e mulatos em busca de uma identidade no novo quadro social do que poder se agrupar em espaço próprio e renovar seus cultos aos santos, seus ritos percussivos, suas danças ancestrais que, a esta altura, já estavam impregnadas de séculos de colonização ibérica. De qualquer modo, os sons produzidos nesses terreiros ressoavam os velhos batuques que haviam inaugurado a sonoridade do país.

Só que a casa de Tia Ciata foi sendo reconstituída a partir de depoimentos de seus frequentadores mais longevos como Donga e Pixinguinha, mas também a partir de reconstruções metafóricas que, independentemente da fidelidade factual, retratam com eficácia até didática o sincretismo espontâneo que agregava – com tênues separações – as classes sociais e as manifestações culturais do período. Além do terreiro já comentado, a moradia dispunha de outros cômodos de fundo, nos quais se executavam os sambas de diversão talhados para os passos de dança, mas já contendo versos improvisados – espécie de versão profana dos antigos cantos responsoriais – que aos poucos iam se fixando. Imagina-se, então, nos cômodos intermediários ou antessalas de visita, os já consagrados lundus e polcas garantindo a animação dos bailes de classe média. E nas salas de visita, por fim, o choro que já desfrutava um certo prestígio e reproduzia, por vezes, a situação de sala de concerto, onde se apresenta "música para ouvir". José Miguel Wisnik retira ainda maior proveito dessa metáfora topológica dos compartimentos devassáveis da casa de Tia Ciata, sugerida primeiramente por Muniz Sodré[19], quando representa a totalidade social e musical do país do início do século nas

19. Muniz Sodré, *Samba: O Dono do Corpo*, Rio de Janeiro, Codecri, 1979, p. 20.

O SÉCULO DA CANÇÃO

demarcações e transições configuradas no famoso imóvel[20]. Na maquete do ensaísta percebe-se nitidamente o percurso da depuração estética – que vai do corpo em contato com o chão, nas práticas de candomblé exercidas no terreiro, até o som instrumental abstrato que requer uma apreciação contemplativa típica das salas de concerto (ou de visita) – contrapondo-se ao percurso da ritmização étnica pelo qual as refinadas elaborações melódicas do choro, de um Pixinguinha por exemplo, apropriava-se do lundu, do partido alto, do maxixe, da polca ou da rabanera. Aliás, a visita ao mundo popular, que já era uma constância desde os tempos de Anacleto de Medeiros ainda persistia com todo vigor nas partituras de Chiquinha Gonzaga e Ernesto Nazareth. O enorme convívio de Villa-Lobos com "chorões", seresteiros e sambistas de sua época apenas confirma a tradição da via erudito-popular.

O mais importante, entretanto, são as estratégias de luta social, identificadas por Wisnik, que se manifestavam, de um lado, na "expressão da marginalidade dos grupos dominados" (que se concentravam nos fundos da casa para não chamar a atenção da polícia) e, de outro, na "expressão da cidadania cultural no domínio da *Polis* burguesa" (dos grupos localizados na sala principal) e que faziam da residência de Tia Ciata um lugar de integração tensa das particularidades socioculturais. Ambas as estratégias pressupõem a aceitação da convivência para, ao mesmo tempo, reforçar os próprios valores ideológicos. A primeira, praticando seu culto religioso e sua diversão comunitária à vista e aos ouvidos da elite. A segunda, querendo o controle do conjunto social por meio da expressão estética.

20. José Miguel Wisnik, "Getúlio da Paixão Cearense (Villa-Lobos e o Estado Novo)", em Ênio Squeff e J. M. Wisnik, *Música*, São Paulo, Brasiliense, 1982, pp. 159-163.

A SONORIDADE BRASILEIRA

O devassamento desses "biombos culturais" seria consumado, na década de 1920, com a consolidação do moderno "carnaval" brasileiro, saído das rodas de batucada e, mais tarde, com o projeto de "sinfonização" (unificação das diversidades musicais do Brasil) desenvolvido, com ajuda do Estado, por Villa-Lobos[21]. Voltaremos a isso.

O REGISTRO DAS COMPOSIÇÕES

A relativa harmonia étnica e social administrada pelas tias em suas festas, que chegavam a durar uma semana em permanente ebulição – pode-se pensar na fervura das comidas fazendo liga para a convivência social –, viu-se de repente abalada por um fator externo ao seu cotidiano: a chegada das máquinas de gravação ao Rio de Janeiro. Os primeiros a serem beneficiados com a nova tecnologia foram curiosamente os representantes dos fundos[22]. Desde 1897, alguns cantadores de serestas, lundus e modinhas como Baiano (Manuel Pedro dos Santos) e Cadete (Manuel da Costa Moreira) já haviam sido convidados a gravar cilindros metálicos, com voz e violão, para promover a venda dos aparelhos recém-lançados[23]. Suas execuções muito simples e prontas para o registro mostravam-se compatíveis com as limitações técnicas da grande novidade. A partir de 1904, com a entrada no Brasil do gramofone com discos de cera, esses artistas, mais Nozinho, Eduardo das Neves e Mário Pinheiro, formaram a primeira leva de cantores profissionais do disco no país.

21. *Idem.*
22. *Idem*, p. 160.
23. Por iniciativa de Frederico Figner, que, mais tarde, seria responsável pela Casa Odeon (cf. J. R. Tinhorão, *Música Popular – Do Gramofone ao Rádio e TV*, São Paulo, Ática, 1981, p. 20).

O SÉCULO DA CANÇÃO

As necessidades se complementavam. A rápida expansão do mercado de discos dependia da simplicidade e popularidade das pequenas peças musicais, bem como da disponibilidade de seus intérpretes. Os bambas dos lundus e dos sambas, por sua vez, podiam suspender a eterna busca de serviço remunerado, visto que seus momentos de diversão estavam agora sendo contabilizados como horas de trabalho. Além disso, as obras que produziam nem sempre sobreviviam na memória dos foliões. Faltava justamente o registro. Ineptos para a inscrição de suas invenções sonoras na pauta musical, esses primeiros sambistas recebiam os novos aparelhos como um encontro com a própria identidade.

A aliança desses músicos populares com a tecnologia nascente é crucial para se compreender a inversão de expectativa que, nas primeiras décadas do século, mudou o destino da música no Brasil. Os artistas que se encaixavam na "tradição escrita" da música brasileira, na qual se insere não só a chamada música erudita, mas também alguns setores do choro ou até da modinha não sofriam especialmente com a impossibilidade de registro sonoro. Suas peças estavam na partitura e eram executadas ao vivo. Os instrumentistas tocavam em casas de venda de material musical, em orquestras estrangeiras de passagem por aqui, no teatro musicado ou em bandas militares. O caso dos criadores e cantores dos diversos gêneros de samba, aqueles que frequentavam os fundos próximos aos terreiros, era bem particular. Se não, vejamos.

Alheios a qualquer formação escolar, de ordem musical ou literária, esses sambistas retiravam suas melodias e seus versos da própria fala cotidiana. Serviam-se das entoações que acompanham a linguagem oral e das expressões usadas em conversa. Tais recursos, aliás, já vinham das brincadeiras indígenas e

34

dos rituais religiosos das primeiras levas de negros que aqui chegaram. Com a influência ibérica e com o som das operetas e do teatro musicado que, bem ou mal, chegavam aos ouvidos desses hábeis criadores, suas práticas orais foram se tornando cada vez mais voltadas à diversão e aos assuntos do dia a dia. Do ponto de vista rítmico, no despontar do século xx, o velho batuque tinha sido suficientemente depurado para engendrar numerosos gêneros que, a esta altura, já vinham se agrupando sob a designação genérica de "samba". Ora, tudo isso carecia de registro ou teria o mesmo destino dos lundus e maxixes perdidos no século anterior.

Se a base rítmica da batucada, por sua sonoridade reiterada, favorece a memorização, o mesmo não se pode dizer da melodia e da letra. Essas se comportam à imagem e semelhança de nossa linguagem cotidiana, na qual o som daquilo que se diz desaparece tão logo a mensagem tenha sido transmitida. Esquecemos as entoações vocais, a sonoridade dos fonemas e mesmo as palavras empregadas. Permanece apenas a ideia abstrata que foi objeto da comunicação. Aliás, o melhor sinal de que uma conversa está sendo bem-sucedida é a rapidez com que se dispensa a sonoridade empregada em proveito da retenção exclusiva do conteúdo[24]. Os sambas produzidos na casa de Tia Ciata e em vários pontos do centro urbano do Rio de Janeiro nessa época possuíam justamente as mesmas características da fala que "perdemos" todos os dias: melodias e letras concebidas no calor da hora sem qualquer intenção de perenidade. Se as melodias chegavam a se fixar por algum tempo, os versos alteravam-se ao

---

24. Ver sobre esse tema Paul Valéry, "Poesia e Pensamento Abstrato", *Variedades*, São Paulo, Iluminuras, 1991, pp. 201-218. Retomaremos adiante, com mais detalhes, as características da relação entre canção e fala cotidiana.

O SÉCULO DA CANÇÃO

sabor dos improvisos[25]. Portanto, o encontro dos sambistas com o gramofone mudou a história da música brasileira e deu início ao que conhecemos hoje como canção popular.

A Visão Modernista

No momento em que se efetivou, e mesmo nas décadas subsequentes, esse fenômeno escapou à perspicácia da elite cultural que começava a refletir sobre a singularidade brasileira diante das outras nações e que, ao longo dos anos 1920 e 1930 foram fazendo desdobrar o movimento modernista em múltiplos projetos investidos de consciência nacional. Isso é especialmente perceptível na importante trajetória militante e crítica dos já mencionados Mário de Andrade e Heitor Villa-Lobos.

Mário reconhecia a importância de se contar com uma música popular consistente para qualquer projeto nacionalizante da música culta. Identificava, com entusiasmo, a evolução do lundu e da modinha como parte da formação de nossa música de raiz, mas atribuía um valor realmente especial às danças dramáticas, aos reisados, congados e ao bumba meu boi, na medida em que constituíam fontes rurais mais autênticas e menos sujeitas às contingências instáveis das cidades[26]. Referia-se, portanto, a um popular passivo, um folclore representando a "fisionomia oculta da nação"[27], o qual, segundo o autor, só havia se definido no Brasil em fins do século XVIII para, cem anos depois, receber tratamento artístico

---

25. O primeiro samba oficialmente gravado, "Pelo Telefone", apesar do registro, ainda legou pelo menos três versões diferentes (cf. Almirante, *No Tempo de Noel Rosa*, Rio de Janeiro, Francisco Alves, 1977, pp. 21-28).
26. Cf. Mário de Andrade, *Aspectos da Música Brasileira*, p. 31.
27. A expressão é de Luiz Heitor, citado por J. M. Wisnik em "Getúlio da Paixão Cearense", p. 132.

A SONORIDADE BRASILEIRA

dos primeiros nacionalistas dignos desse nome: Alexandre Levy e Alberto Nepomuceno. Considerando que Mário de Andrade influenciou diretamente quase todos os compositores nacionalistas de seu tempo (para ficarmos apenas na área musical), podemos dizer que era essa a visão geral adotada por pensadores e criadores que, nesse período fértil, tinham algo a dizer com suas obras.

Villa-Lobos, o compositor erudito brasileiro mais bem-sucedido de todos os tempos, embora tenha convivido largamente com os exímios chorões do Rio de Janeiro e, como não poderia deixar de ser, tenha se beneficiado dessa experiência, também ele considerava o folclore rural como a fonte por excelência para a inspiração nacionalista. Influenciado por antecessores imediatos como Wagner, Puccini, Franck ou Debussy, o compositor, que viveu muitos anos na Europa, respirava sobretudo o nacionalismo "universal" de um Stravinsky e, em menor grau, de um Bartók ou de um Kodály, que soube transpor magistralmente para o contexto brasileiro. Com uma produção monumental, Villa-Lobos criou suas melhores peças – *Noneto, Choros, Rudepoema* e *Bachianas Brasileiras*, para citarmos algumas – alinhavando e transfigurando temas musicais do nosso folclore e valendo-se de melodias entoativas (entre o choro e a modinha), do ritmo de batuque e da oralidade inscrita nos coros para atingir soluções admiráveis no campo harmônico, contrapontístico e, às vezes, orquestral. E, ao contrário de Nepomuceno por exemplo, apresentava sua obra com acabamento francamente internacional. Afinal, sua referência de grande folclorista, o maior de todos, era nada menos que Johann Sebastian Bach[28].

---

28. Cf. Otto Maria Carpeaux, *Uma Nova História da Música*, Rio de Janeiro, Ediouro, 1999, p. 360.

O SÉCULO DA CANÇÃO

Mas quando se fala em Villa-Lobos não se pode esquecer também de seu grande projeto cívico-educacional, empreendido sob os auspícios do governo de Getúlio Vargas, cuja consequência mais nítida foi a preparação de grandes massas corais, constituídas de jovens, para calibrar o *éthos* brasileiro nos termos de um amplo pacto musical. Mais uma vez, o folclore servirá de base consensual às estratégias pedagógicas do músico: só a cultura popular rural não estaria ainda contaminada pelos desvios e vícios próprios dos centros urbanos. Só ela representaria fielmente a "fisionomia oculta da nação".

Mário de Andrade e Villa-Lobos concebiam uma espécie de "paternalismo folclorista", necessário, segundo os autores, para administrar o caos sonoro que então assolava o país. De fato, nessas primeiras décadas do século, os sambas e as marchinhas urbanas, com autoria definida, ou ao menos reivindicada, começavam a esquentar os carnavais e a se projetar nos demais períodos do ano com enorme poder de comunicação. Sinhô já havia reinado na década de 1920. Heitor dos Prazeres, Lamartine Babo, Ary Barroso, Noel Rosa, Ismael Silva, Wilson Batista inundavam o incipiente mercado de discos dos anos 1930 com as criações que até hoje são regravadas e disputadas pelos artistas de primeira linha da nossa música popular. Silvio Caldas, Francisco Alves, Mário Reis, Carmen Miranda, Araci de Almeida já eram os porta-vozes famosíssimos das marchinhas, dos sambas, e das serestas que, amplificados pelo rádio (já em si uma grande novidade), entravam nas residências e nos estabelecimentos comerciais e se transformavam no *leitmotiv* da vida cotidiana. Essa nova dinâmica sonora, com luz própria, só pôde ser parcialmente apreciada pela elite pensante da época[29], uma

29. Tanto Mário de Andrade como Villa-Lobos manifestaram vez por outra reconhecimento e simpatia em relação a esses artistas populares urbanos. Mário, por exemplo,

A SONORIDADE BRASILEIRA

vez que não cabia confortavelmente em seus projetos de integração e orientação estética que deveriam refletir a aliança do povo com o Estado numa espécie de concerto para o progresso. A esta altura, as rodas de samba rodavam em vitrolas espalhadas por todo o Brasil, tratando de temas pouco cívicos como o ócio, a boêmia e a malandragem. A dificuldade de incorporar o popular urbano na fase do nacionalismo musical modernista foi assim resumida por José Miguel Wisnik: "O popular pode ser admitido na esfera da arte quando, olhado à distância pela lente da estetização, passa a caber dentro do estojo museológico das suítes nacionalistas, mas não quando, rebelde à classificação imediata pelo seu próprio movimento ascendente e pela sua vizinhança invasiva, ameaça entrar por todas as brechas da vida cultural, pondo em xeque a própria concepção de arte do intelectual erudito"[30].

Ao correr (e até certo ponto concorrer) por fora da tradição universalmente reconhecida da música erudita, e mesmo da música instrumental semierudita ou popular de partitura, aquelas pequenas "obras", que ajudaram o pioneiro Frederico Figner a vender seus gramofones e que, a partir da gravação do samba amaxixado *Pelo Telefone* em 1917, deram voz nacional aos frequentadores dos fundos das casas das tias, fundavam ali uma tradição própria,

---

cita Donga, Sinhô e Noel Rosa como figuras interessantes do samba em sua *Pequena História da Música* (p. 193). Villa-Lobos chegou a conviver intensamente com Pixinguinha, Luís Américo, Jararaca, Donga e tudo indica que manteve amizade com Cartola. Esses e outros nomes foram convocados pelo maestro, a pedido do músico inglês L. A. Stokowski, para gravar músicas típicas para o Congresso Pan-Americano de Folclore, dentro da política de Boa Vizinhança desencadeada pelos EUA na fase pré-Segunda Guerra (cf. M. T. B. da Silva e A. L. Oliveira Filho, *Cartola, Os Tempos Idos*, Rio de Janeiro, Funarte, 1983, pp. 68-78). Não há dúvida, porém, de que nem um nem outro tinham condições de dimensionar o papel desses novos "artistas" no futuro musical do país.

30. J. M. Wisnik, "Getúlio da Paixão Cearense", p. 133.

O SÉCULO DA CANÇÃO

desprovida de projetos ou de intenções outras que não a imediata aceitação do público. Seus autores (nem sempre bem identificados) eram dotados de uma competência que já vinha se manifestando na criação de lundus, polcas e modinhas do século anterior, mas que permanecia até então atrelada aos recursos e à boa vontade dos representantes da elite política e cultural[31]. Agora, com o disco, ficava claro que esses sambistas sabiam como ninguém juntar melodia e letra, fazê-las flutuar sobre tempos e contratempos da batucada e ainda harmonizar a cantoria com violão, cavaquinho ou piano. E adaptavam tudo isso aos parcos recursos de gravação: traziam a voz para o primeiro plano, enriqueciam a instrumentação de cordas e sopros e reduziam a participação da batucada, em virtude dos desequilíbrios provocados por sua difícil captação sonora. Registrado o trabalho, cabia aos novos artistas – principalmente os cantores – divulgá-lo, primeiro nas festas, no teatro musicado e nos gritos de carnaval; mais tarde, nos programas de rádio e em praças públicas. Iniciava-se, assim, a era dos cancionistas, os bambas da canção, que se mantinham afinados com o progresso tecnológico, a moda, o mercado e o gosto imediato dos ouvintes. Nascia também uma noção de estética que não podia ser dissociada do entretenimento.

Ao selecionar o popular rural como um universo sonoro bem mais disciplinado e autêntico para merecer seu elaborado tratamento musical, a forte escola nacionalista brasileira – que contou ainda com expoentes como Francisco Mignone, Luciano Gallet, Lourenzo Fernandez e Camargo Guarnieri, dentre outros – deixou claro que percorria uma trajetória artística independente, que em hipótese alguma poderia ser associada ao som que vinha

---

31. Dependiam de autorizações para apresentar seus trabalhos, dependiam da anuência de chefes políticos para obter patrocínios e dependiam até do interesse de maestros para que as obras fossem registradas em partituras.

A SONORIDADE BRASILEIRA

das ruas, dos quintais e dos bailes urbanos. Nem os encontros fortuitos de Villa-Lobos com seus amigos da faixa popular podem ser confundidos com alguma espécie de adesão ao cenário efervescente das canções de época. Pode-se dizer que quanto mais se firmava o mercado da canção como representante maior do universo popular brasileiro, durante as décadas de 1920, 1930, 1940 e ainda início dos anos 1950, mais a música erudita mostrava-se alheia a essa tradição. Isso decorria bem menos de prevenção ou preconceito de seus autores do que de uma dificuldade legítima em reconhecer na sonoridade da canção, sobretudo da canção desse período, um pensamento verdadeiramente musical.

A CANÇÃO POPULAR

O canto sempre foi uma dimensão potencializada da fala. No caso brasileiro, tanto os índios como os negros invocavam os deuses pelo canto. Do mesmo modo, as declarações lírico-amorosas extraíam sua melhor força persuasiva das vozes dos seresteiros e modinheiros do século XIX. O teatro musicado, as operetas ou mesmo as grandes óperas, no mundo todo, serviam-se do canto para assinalar a presença do corpo e da sensibilidade das personagens; seus recitativos permitiam o ingresso de inflexões puras da fala que davam credibilidade ao drama musical. Arnold Schoenberg e Alban Berg, do alto de suas abstrações sonoras comprometidas com o serialismo, viram no "canto falado" (*Sprechgesang*) uma possibilidade de alimentar com a voz "real" a expressão musical de algumas de suas peças. Acontece que, além desse vínculo inevitável com o corpo e com os estados emocionais do intérprete, a fala contém suas próprias leis que interagem continuamente com

O SÉCULO DA CANÇÃO

as leis musicais, gerando aquilo que depreendemos como relações de compatibilidade entre melodia e letra. O salto dos improvisos espontâneos para o registro em disco fez com que os sambistas brasileiros rapidamente se imbuíssem, ainda que de modo inconsciente, da nova técnica de fixação sonora que, paradoxalmente, previa a convivência de formas estáveis e instáveis de canto.

De fato, por meio da linguagem oral cotidiana, veicula-se um conteúdo abstrato que depende da base acústica inscrita nos fonemas e nas entoações, mas não há necessidade de preservação dessa sonoridade. Por isso, selecionamos e organizamos as palavras da melhor forma possível e convocamos as melodias entoativas apenas para produzir ênfases aqui e ali no fluxo discursivo, sem outro tratamento especial que não o exigido pelo texto verbal. Não deixa de haver, mesmo nessa fase, algumas regras de condução melódica das frases, que as fazem parecer afirmativas, interrogativas, suspensivas etc. e que já pertencem ao repertório intuitivo dos falantes. Entretanto, esse "acompanhamento" sonoro não merece um arranjo especial – elaborações de rimas ou de reiterações entoativas, por exemplo – pois será descartado assim que for transmitida a mensagem. Ao se transformar em canção, a oralidade sofre inversão do foco de incidência: as entoações tendem a se estabilizar em "formas musicais", na medida em que se instituem células rítmicas, curvas melódicas recorrentes, acentos regulares e toda sorte de recursos que asseguram a definição sonora da obra; a letra, por sua vez, liberta-se consideravelmente das coerções gramaticais responsáveis pela inteligibilidade de nossa comunicação diária e também se estabiliza em suas progressões fônicas por meio de ressonâncias aliterantes.

O grande feito – sempre intuitivo – dos sambistas, maior do que a estabilização da sonoridade, foi o encontro de um lugar ideal

A SONORIDADE BRASILEIRA

para manobrar o canto na tangente da fala. Ao mesmo tempo que atribuíam independência à melodia, unificando suas partes com dispositivos musicais, conservavam seu lastro entoativo para dar naturalidade à elocução da letra. Desse modo, preparavam suas canções para a gravação, mas não deixavam de usá-las como veículo direto de comunicação: mandavam recados aos amigos e aos desafetos, criavam polêmicas e desafios, faziam declarações ou reclamações amorosas, introduziam frases do dia a dia, produziam tiradas de humor, "dizendo" tudo isso de maneira convincente, com as inflexões entoativas adequadas e, no entanto, conservando a musicalização necessária à estabilidade do canto. A própria existência, desde os primeiros tempos, do samba de breque é bem sintomática: alternando fala e canto na sequência da obra – e nunca a fala é só fala e nem o canto só canto – denuncia a presença simultânea dos dois elementos nas demais versões do samba.

Esse é o primeiro aspecto a levar em conta quando se trata de avaliar a sonoridade brasileira na forma de canção: oscilação entre canto e fala. Depois, cabe verificar, no processo de fixação do material fônico, quais os recursos que contribuem para adicionar a essa compatibilidade natural entre a entoação e os versos outros níveis de integração. A forma acelerada de estabilização melódica privilegia os acentos e, portanto, as vogais salientes e breves, entre as quais percutem intensamente as consoantes. Essas características favorecem a constituição de células rítmicas bem definidas que vão se agrupando num processo denominado *tematização*. Resultam daí canções pouco variadas, geralmente concentradas em torno de um refrão, que se reportam em última instância aos velhos batuques com seus cantos responsoriais. Ora, a força de integração desses temas tende a repercutir na elaboração da letra, sugerindo modos de união, encontro ou conjunção dos personagens com seus

O SÉCULO DA CANÇÃO

valores, seus objetos ou mesmo com outros personagens. Importa saber, entretanto, que essa forma de compatibilidade está presente, ainda que de maneira mais branda, em todo tipo de samba (ou canção *lato sensu*) produzido no país.

A forma desacelerada de estabilização deixa que as vogais se alonguem e se expandam no campo de tessitura, valorizando o percurso melódico em seus desdobramentos progressivos. Os temas tendem a se desfazer em direções que sugerem a busca. Esses traços que já compuseram o *éthos* das serestas e das modinhas migraram nos anos 1920 e 1930 para o samba-canção para cobrir as letras que amargavam o sentimento de falta e ainda descreviam as trajetórias do desencontro. Evidente que as melodias lentas e pouco integradas por repetições já produzem seus próprios antídotos, criando gradações e outros tipos de previsibilidade que acusam a presença de conjunção no interior da disjunção. Mas isso já foge aos nossos propósitos neste capítulo.

Esses traços particulares acabaram por definir uma história musical à parte, totalmente desvinculada da tradição erudita e só parcialmente associada à evolução da música popular instrumental. Reservando a forma acelerada para o período de carnaval e as demais para o meio de ano, o gênero canção virou a "música" do Brasil e, a partir do movimento bossa nova, a música brasileira de exportação.

Vanguarda Erudita

Isso não significa que nossa música erudita tenha estacionado. O nacionalismo ainda persistiu por um bom tempo na pena de C. Guarnieri e, já com outra feição, nas composições de C. Guerra Peixe. A chegada de H. J. Koellreutter ao Brasil no final da década de 1930 movimentou a cena musical, pelo menos no âmbito da elite. O compositor e flautista alemão, conhecedor das técnicas dodecafônicas de composição, defendia um trabalho sintonizado com a música contemporânea universal, sem desprezar as mudanças provocadas pela já poderosa indústria cultural. Interessado pela expansão massiva da música popular, a que chamava de "música funcional", Koellreutter sempre esteve atento aos fenômenos de modernização técnica e estética que marcaram o século xx. Sua experiência e dinamismo foram especialmente bem aproveitados em trabalhos educacionais desenvolvidos dentro e fora do Brasil. Fundou numerosos centros de música por todo o país e legou um pensamento original sobre criação e elaboração musical, que foi se propagando nas atuações de seus incontáveis discípulos espalhados pelos Estados brasileiros. Diante de tudo que o músico realizou ao longo do século, o movimento *Música Viva*, lançado em 1939 com a participação de compositores como Cláudio Santoro, Edino Krieger, Eunice Catunda ou mesmo Guerra Peixe (na primeira fase), foi apenas uma investida pontual que ficou famosa por marcar, pela primeira vez de forma consistente, uma posição antinacionalista.

A intensa atividade de Koellreutter abriu caminho para outras experiências na faixa erudita que ficaram conhecidas no meio como *Música Nova* e *Música Eletroacústica*. A primeira tem seu ponto de ebulição na década de 1960 e contou com a participação de Damiano Cozzella, Júlio Medaglia, Willy Corrêa de Oliveira, Rogério Duprat e Gilberto Mendes. Todos praticaram o que se costumava chamar de "música de vanguarda", não sem desenvolver paralelamente uma intensa reflexão sobre o papel da música na sociedade contemporânea. Estudavam o dodecafonismo, as formas eletroacústicas, mas também incentivavam o happening ou a música aleatória em ocasiões consideradas propícias. Em contato

O SÉCULO DA CANÇÃO

com os principais representantes da Poesia Concreta, movimento literário renovador que desde os anos 1950 vinha propondo soluções poéticas mais próximas das concepções plásticas, gráficas e musicais do que das propriamente linguísticas, Gilberto Mendes e Willy Corrêa de Oliveira exploraram modos de criação de "isomorfismo" entre poesia e música: analisavam a estrutura do texto poético e tentavam reproduzi-la musicalmente. Duprat, Cozzela e Medaglia logo se desiludiram com a possibilidade de cultivar uma música de vanguarda no Brasil e fizeram uma produtiva incursão pela canção popular, concebendo arranjos orquestrais antológicos para o movimento tropicalista. Mas depois também se decepcionaram com o rumo seguido pela produção de mercado. A Música Eletroacústica, desenvolvida especialmente pelo carioca Jorge Antunes, beneficiou-se das espetaculares conquistas eletrônicas das últimas décadas do século e manteve boa evolução nos trabalhos de Tato Taborda, Livio Tragtenberg, Flo Menezes e outros.

De todo modo, o divórcio entre o mundo musical erudito e o mundo cancional só se aprofundou no decorrer desse período, até que, no final dos anos 1990, surgiram algumas iniciativas de reintegração de ambas as sonoridades em projetos envolvendo a orquestra Jazz Sinfônica de São Paulo. Mas um fato tornou-se então mundialmente incontestável: quando se falava em música brasileira, pensava-se logo em canção.

Grau Zero e Grau Dez da Sonoridade Brasileira

Vimos que nos anos 1930 a canção se consolidou como a manifestação mais representativa da sonoridade brasileira. Atentas ao fenômeno de massa, as autoridades do Estado Novo tentaram envolver alguns compositores e intérpretes nas campanhas de civismo e de regeneração dos costumes, chegando a extrair alguns sucessos (*O Bonde de São Januário*, *Izaura* etc.) com a nova ideologia. Mas para cada canção de encomenda saiam dezenas de outras celebrando a vida noturna, os amores e a malandragem, de modo que o projeto, encampado na música erudita por Villa-Lobos, logo tornou-se inviável na faixa popular. E as canções puderam seguir livres com seus recados, seus convites à dança e suas queixas amorosas. Essas últimas, no período pós-guerra, passaram a prevalecer nas principais emissoras de rádio. Influência do tango e do bolero hispano-americanos, decorrência de um certo declínio na produção carnavalesca, efeitos de um longo e doloroso período de guerra na Europa, simples tendência a abstrair as inflexões melódicas de sua base percussiva e somática, seja qual for o fator predominante, o samba dos anos 1940 e 1950 sofreu uma crescente passionalização. Para fazer o contraponto com essa forma desacelerada só mesmo o então recém-chegado baião de Luiz Gonzaga que, de certo modo, expandiu os impulsos dançantes do carnaval para as outras épocas do ano, só que em forma de forró.

Os EUA, que desde a década de 1930 vinham tentando uma aproximação estratégica com o resto da América, multiplicavam as oportunidades de contato com sua já exuberante música popular. Com pouca tradição na faixa erudita, a verdadeira música norte-americana também brotara, nos "fundos" de New Orleans, das improvisações negras que já haviam incorporado recursos da melodia europeia. Depois de passar por diversos processos de fusão com práticas folclóricas, dentre elas o ragtime e o blues, as primeiras gravações do recém-formado jazz[32] coincidem com o lançamento do nosso *Pelo Telefone*, em 1917. À medida que se espalhava pelo

---

32. Original Dixieland Jazz Band.

O SÉCULO DA CANÇÃO

imenso território norte-americano, o jazz foi incorporando o swing e se rendendo, até certo ponto, aos apelos da dança comercial. No período da Segunda Grande Guerra, as big bands (Duke Ellington, Glenn Miller) constituíam o produto musical mais bem-acabado dos EUA, uma verdadeira vitrine para o mundo que prenunciava o vínculo cada vez mais intenso do músico profissional com o mercado e com os veículos de comunicação de massa. Ao lado disso, por volta dos anos 1940, nova onda de influência do refinamento harmônico e melódico da música europeia (sobretudo da música de C. Debussy) deu origem ao que conhecemos como cool jazz, algo mais intimista e menos dependente do esquema "espetáculo".

Tudo isso chegava ao Brasil por músicos que lá se reciclavam, pelos discos, mas sobretudo pelo cinema que nessa fase, como se sabe, difundia o projeto norte-americano de "felicidade". Dick Farney e Jonny Alf eram músicos brasileiros entusiastas (até na adoção dos nomes artísticos) das conquistas daquele país. Outros como Lúcio Alves e os então novatos Tom Jobim, Nora Ney e Luís Bonfá chegaram a fundar o Sinatra-Farney Fan Club, desvelando o fascínio exercido pela nova estética que vinha de fora. Afinal, além do requinte musical oferecido pelo cool jazz, havia a ideologia da prosperidade concretizada nos avanços tecnológicos exibidos nas telas de cinema. Não podendo dispor da mesma tecnologia para a realização da forma espetáculo, o músico brasileiro praticava o artesanato jazzístico e introduzia nas letras das canções uma certa fantasia otimista que parecia abocanhar uma fatia do sonho americano[33].

Evidente que a convivência dessas letras leves, conduzidas por harmonia refinada, com as letras dramáticas dos sambas--canções compostos sobre acordes perfeitos não seria pacífica

---

33. As letras da bossa nova são decididamente eufóricas, elaboradas sob o signo de "O Amor o Sorriso e a Flor", título do segundo LP de João Gilberto.

A SONORIDADE BRASILEIRA

durante toda a década de 1950. Embora ainda satisfizesse imenso contingente popular, os sambas de Lupicínio Rodrigues ou de Herivelto Martins já não entusiasmavam a classe média com acesso às escolas e universidades e com maior poder de consumo. O predomínio da canção era tão amplo no país – considerando que a música erudita sempre esteve ausente da esfera popular – que deu margem, a esta altura, a um desdobramento da categoria dos ouvintes em consumidores mais populares e consumidores de elite. Esses últimos, na esteira das conquistas de moderniza-ção do país sob Juscelino Kubitschek, reforçavam os anseios da geração de Dick Farney.

Na resolução desse conflito, deu-se o fenômeno. Em 1958, o cantor João Gilberto lançou o disco *Chega de Saudade* e instaurou o movimento bossa nova, a primeira reviravolta musical, operada integralmente no domínio da canção popular, o que atestava a maturidade da linguagem surgida dos terreiros do início do sé-culo e a importância que ela foi adquirindo na formação social e cultural do país. O espantoso é que, provavelmente por uma conjunção de fatores circunstanciais – e talvez alguns essenciais –, o novo estilo foi imediatamente acolhido por boa parte do público, apesar da aparente ruptura com tudo que se conhecia de canção até aquele instante. O segredo da fórmula vem sendo paulatinamente desvendado, mas, até hoje, não contamos com um resultado conclusivo.

A bossa nova de João Gilberto neutralizou as técnicas per-suasivas do samba-canção, reduzindo o campo de inflexão vocal em proveito das formas temáticas, mais percussivas, de condução melódica. Neutralizou a potência de voz até então exibida pelos intérpretes, já que sua estética dispensava a intensidade e tudo que pudesse significar exorbitância das paixões. Neutralizou o efeito de

49

O SÉCULO DA CANÇÃO

batucada que, por trás da harmonia, configurava o gênero samba em boa parte das canções dos anos 1930 e 1940, eliminando a marcação do tempo forte na batida do violão. Desfez a relação direta entre o ritmo instrumental e a dança que caracterizava as rodas de samba. Dissolveu a influência do cool jazz nos acordes percussivos estritamente programados para o acompanhamento da canção, sem dar espaço à improvisação. E, acima de tudo, pela requintada elaboração sonora do resultado final, desmantelou a ideia dominante de que "música artística" só existe no campo erudito. Mesmo com todas essas neutralizações, a canção apresentada pelo músico baiano manteve-se intata, tanto do ponto de vista técnico como perante o ouvinte, que não teve dificuldade alguma em reconhecer e prestigiar a versão totalmente despojada. Nesse sentido, a bossa nova de João Gilberto atingiu uma espécie de grau zero da sonoridade brasileira[34].

Ao mesmo tempo, os aspectos emocionais da canção ficaram a cargo das novas direções melódicas sugeridas pelos desengates e engates dos acordes dissonantes (esse tipo de harmonia permite que as melodias adquiram outros sentidos – ou direções – mesmo reiterando as mesmas alturas). O canto passou a depender de maior precisão de contorno melódico e de divisão rítmica, pois tanto a dissonância quanto a síncopa, assimiladas no acompanhamento, retiravam os pontos de apoio que guiavam os cantores de outrora. Em vez de valorizar o bordão que representa no violão a marcação do surdo, João Gilberto fazia ouvir as acentuações do contratempo nas puxadas das três cordas inferiores do instrumento, evocando a batucada pelo seu

---

34. No sentido empregado por Roland Barthes no âmbito da análise literária. Seu exemplo de "grau zero" ou de neutralização dos estilos literários é *O Estrangeiro* de A. Camus que, por sinal, também aproxima a escrita da oralidade. Cf. *Novos Ensaios Críticos, O Grau Zero da Escritura*, São Paulo, Cultrix, 1974, p. 161.

A SONORIDADE BRASILEIRA

viés mais irregular: o som dos tamborins[35]. A retirada das balizas típicas do samba desestimula uma coreografia plena, mas sugere que o corpo complete com movimentos os ataques ausentes: a batida da bossa nova contém a dança, mas não é música para dançar. Pela primeira vez, no universo da canção nacional e por herança do jazz, o acompanhamento instrumental foi pensado como progressão harmônica, servindo-se de naipes que evoluem com coerência própria e, ao mesmo tempo, sustentam a linha principal do canto. Pela primeira vez também a canção fez convergir para si figuras consagradas da elite artística brasileira, o que daí em diante se tornou fato habitual. Além de Tom Jobim, músico de formação erudita, que sempre foi o principal compositor da bossa nova, a nova ordem musical atraiu Vinicius de Moraes, poeta diplomata que trocou a poesia pela letra e nunca mais deixou a canção, Augusto de Campos, Gilberto Mendes e Júlio Medaglia no plano descritivo e ensaístico[36], Ruy Castro na linha histórico-biográfica[37] e, ao longo do tempo, o fenômeno virou objeto de pesquisa de diversos setores acadêmicos.

Portanto, se por um lado João Gilberto decantou a canção brasileira de qualquer característica muito acentuada, até mesmo dos procedimentos virtuosísticos da música norte-americana, por outro, reprogramou em seu artesanato impecável de violão e voz a gênese de todos os estilos, passados e futuros. No que se refere ao passado, o próprio intérprete vem "recompondo" em sua dicção um número enorme de sambas e canções de modo geral, por vezes de outra nacionalidade, que fizeram parte da sua

35. Cf. Walter Garcia, *Bim Bom: A Contradição Sem Conflitos de João Gilberto*, São Paulo, Paz e Terra, 1999, p. 68.
36. Cf. Augusto de Campos, *Balanço da Bossa e Outras Bossas*, São Paulo, Perspectiva, 1974.
37. Cf. Ruy Castro, *Chega de Saudade*, São Paulo, Companhia das Letras, 1990.

O SÉCULO DA CANÇÃO

vida. Quanto ao futuro, todas as gerações seguintes de músicos influentes, a começar dos tropicalistas, declaram ter uma âncora fixada em João Gilberto. Nesse sentido, recebeu o grau dez da sonoridade brasileira.

Ainda retomaremos esse tema no sexto capítulo.

Era Televisiva

Depois da célebre apresentação dos artistas da bossa nova no Carnegie Hall (1962), em Nova York, Tom Jobim e João Gilberto, ou seja, a espinha dorsal da bossa nova, passaram a residir nos EUA. Nara Leão, Carlos Lyra, Roberto Menescal, Ronaldo Bôscoli e outros importantes representantes do movimento que ficaram por aqui ainda fizeram boa parte de suas obras no estilo lírico e elaborado dos anos heroicos. Gradativamente, porém, foram levados a responder aos embates da época: golpe militar e fechamento parcial do regime político em 1964. Nara Leão, símbolo da abastada zona sul carioca, fez aliança com seu conterrâneo do subúrbio de Piedade, Zé Kéti (com quem, aliás, Carlos Lyra fez uma parceria no *Samba da Ilegalidade*), e com o maranhense João do Vale para a realização do show *Opinião*, que tinha um sentido de expressar a resistência dos oprimidos à nova ordem. Essa linha contava com forte apoio estudantil e atuava lado a lado com o teatro e o cinema politizados. A canção, com sua oralidade de base, constituía um domínio privilegiado para se "falar" dos problemas que afligiam a sociedade, por isso, até mesmo cineastas ou aficionados do cinema como Ruy Guerra e Sérgio Ricardo não deixavam de engrossar as fileiras do "protesto" ao lado de Edu Lobo, Sidney Miller, Gilberto Gil (em sua primeira fase), até atingir o apogeu do gênero com Geraldo Vandré.

52

A música especificamente de protesto compunha com outras do mesmo estilo, mas menos direcionadas do ponto de vista ideológico, o gênero que passou a ser chamado de MPB. Contribuiu para o crescimento dessa tendência o surgimento explosivo da cantora Elis Regina que, em meados dos anos 1960, centralizou no seu programa de televisão *O Fino da Bossa* (que de bossa nova tinha muito pouco) o ímpeto criativo dos numerosos compositores que chegavam a São Paulo dos mais diversos cantos do país. Elis abrigava não apenas a canção de protesto, mas também o samba autêntico de seu parceiro de programa Jair Rodrigues e tudo que tivesse a marca "nacional" e, ao mesmo tempo, "popular". Só não admitia a música jovem, filiada ao rock internacional, cuja repercussão vinha crescendo espantosamente na esteira do sucesso dos Beatles.

Para dar vazão à cantoria dos praticantes do iê-iê-iê, um novo programa foi criado sob o comando de Roberto Carlos e batizado de *Jovem Guarda*. Despidos de qualquer engajamento de ordem social ou política, esses novos músicos encadeavam acordes perfeitos em suas guitarras elétricas e retomavam, agora sob a égide do rock, a música para dançar. Ao mesmo tempo, falavam de amor, estilo de vida e todos os assuntos considerados à época "alienados". Produzir para o mercado de discos e reafirmar o próprio sucesso junto a um público já cativo eram os únicos propósitos dos representantes da Jovem Guarda, conquistados, aliás, com extremo profissionalismo. Roberto Carlos e seu parceiro Erasmo Carlos revelaram-se excelentes compositores e suas canções são até hoje disputadas pelos nossos grandes intérpretes. Roberto tornou-se o cantor do Brasil.

A TV Record de São Paulo promovia em seus teatros tanto os rapazes do programa *Jovem Guarda* como os artistas presti-

O SÉCULO DA CANÇÃO

giados do *Fino da Bossa*. E para cobrir todos os estilos musicais da época ainda mantinha programas comandados por nomes de sucesso como Elizeth Cardoso, Wilson Simonal, Agnaldo Rayol e outros, cada qual reunindo um elenco de artistas que não se enquadravam nem na MPB nem no iê-iê-iê. Havia um certo trânsito dos músicos pelos diversos programas, desde que não ferissem suscetibilidades. Além disso, a TV reunia todos seus contratados em algumas situações especiais: no *Show do Dia 7* (alusão ao número do canal da Record), em ambiente de festa e amizade e nos célebres Festivais da Música Popular Brasileira, em clima de concorrência e rivalidade.

A Record era a casa da Tia Ciata da era televisiva. Muitas das tendências brasileiras estavam ali representadas em compartimentos (programas) nem sempre devassáveis. A MPB, em sua versão "protesto", era porta-voz da explosão do movimento estudantil que, em 1967 e 1968, generalizou a contestação política por todo o Brasil. A jovem guarda personificava a primeira explosão de marketing rigorosamente planejado e com alvo definido: a juventude pré-universitária e os aficionados do rock-Beatles (bem mais que o rock-Rolling Stones), da fase inicial, evidentemente. A esta altura, a MPB tinha menos da bossa nova, da qual originara, que a jovem guarda. A leveza dos temas criados pela turma de Roberto Carlos, bem como seu modo de cantar, lembravam um pouco a dicção de João Gilberto (a primeira gravação do *Rei da Juventude*, *João e Maria*, era pura imitação do autor de *Bim Bom*), enquanto as inflexões regionais do protesto, além de carregarem nos temas engajados, deixavam transparecer recursos de uma oratória distante da fala cotidiana sobre uma harmonia tão simplificada quanto a dos guitarristas.

A concentração de todas as frentes da canção brasileira num único canal de TV de São Paulo (que repassava seus programas em forma de videoteipe para as emissoras de outras capitais) provocou uma efervescência inusitada no panorama musical brasileiro. Além do elenco fixo, que contava com a nata musical dos anos 1960, os festivais da canção abriam espaço para a revelação de novos nomes, representantes ou não dos compartimentos existentes, que já entravam com apoio de uma verdadeira torcida. Por essa porta surgiram Chico Buarque, Milton Nascimento, Geraldo Vandré, Paulinho da Viola, Caetano Veloso, Tom Zé e outros que vieram para ficar. Ora, de fato foi uma fase muito fértil da canção popular brasileira, mas não se pode negar que a concentração de todos os acontecimentos musicais, pacíficos ou conflituosos, na tela da Record justifica em boa medida a impressão de que nunca mais tivemos uma produção tão intensa e com tanta qualidade. O que nunca mais tivemos foi um canal de TV (ou uma Rede, de preferência) dedicado a todas as tendências de nossa canção[38].

Os festivais eram agentes de transformação rápida das posições que representavam forças internas da emissora e forças político-culturais que, nos anos de 1967 e 1968, foram atingindo um grau de tensão insustentável. A "alienação" do grupo da jovem guarda favorecia o desenvolvimento de uma poderosa indústria cultural que, independentemente de crise política, queria implantar no Brasil um forte mercado de discos atrelado ao de outros produtos comerciais (automóveis, artigos de vestuário, associações com marcas e logotipos etc.), a exemplo do que já havia

---

38. Na última fase do século, a MTV começou a acenar nessa direção, mas foram poucas as suas conquistas fora do rock.

O SÉCULO DA CANÇÃO

nos EUA. O engajamento da música de protesto contava com o respaldo da intensa luta dos estudantes, cuja organização, ainda livre de intervenção das autoridades (que já havia paralisado os sindicatos de classes), desencadearia quase todas as formas de contestação que tomaram conta do país, principalmente em 1968. Havia a MPB nacionalista que falava em nome dos valores do campo e pleiteava a reforma agrária. Havia a MPB ingênua que se atinha a temas passadistas, à exaltação dos gêneros tradicionais, como o samba, a marcha-rancho e o frevo, quando não falavam diretamente de blocos e de carnaval. E entre vaias e proselitismos, fatos comuns nesses festivais, a TV Record teve a coragem de promover a participação de Roberto Carlos, cantando samba evidentemente, num reduto cujos limites de tolerância iam de Elis Regina a Geraldo Vandré.

A DECOMPOSIÇÃO TROPICALISTA

Irrompem, nesse contexto, os primeiros sinais de presença do vírus tropicalista que, aos poucos, contaminaria as diversas tendências musicais da "casa" Record e provocaria o devassamento progressivo de seus cômodos, até ser expelido do ambiente por ação de "anticorpus" administrativo[39]. Sem contar com o respaldo de um "órgão" que assegurasse sua sobrevivência – o tropicalismo não representava nenhum setor político, social ou cultural do momento –, os idealizadores do movimento embrenharam-se nas poucas artérias e regiões neutras existentes

---

39. Caetano Veloso relata que em solidariedade à Gal Costa – desrespeitada, segundo ele, pela produção de um dos programas da Record – se indispôs contra os donos da casa e, consequentemente, se desligou (e foi desligado) do elenco da TV (cf. *Verdade Tropical*, São Paulo, Companhia das Letras, 1997, p. 329).

na emissora para promover suas intervenções culturais. Foi assim que Caetano Veloso ficou conhecido ao participar do despretensioso programa *Esta Noite se Improvisa* e, junto com Gilberto Gil, dos festivais da música popular brasileira. Foi assim também que conquistaram prestígio no contato direto com o público, valendo-se principalmente dos esquemas de revelação e promoção súbitas desses festivais. A classificação de *Domingo no Parque* e *Alegria, Alegria* entre as finalistas do "III Festival da Música Popular Brasileira" difundiu os nomes de Gilberto Gil e de Caetano Veloso para todo o país e, com eles, os primeiros gestos tropicalistas: composição de letras com temática e construção insólitas e adoção de atitudes do iê-iê-iê na principal vitrine da MPB. Logo em seguida, viria o disco-manifesto *Tropicália* ou *Panis et Circensis* que, além de contar com a participação dos Mutantes e demais artífices do movimento (Gal Costa, Tom Zé, Torquato Neto e Capinam), beneficiou-se da mais feliz investida do músico Rogério Duprat no território da canção popular. Seus arranjos deram unidade à proposta e expressão particular a cada faixa do repertório. Como se não bastasse, o disco ainda teve o aval de Nara Leão, intérprete que marcou presença em todas as fases cruciais da música brasileira durante os anos 1960 e que, nesse momento, personificava a sonoridade da bossa nova que sempre norteou as decisões tropicalistas.

De fato, bossa nova e tropicalismo firmaram-se como os dois principais gestos da moderna música brasileira, ambos necessários para abarcar a diversidade sonora que reinaria nas décadas seguintes e as flutuações estéticas que constantemente flexibilizariam as leis do mercado musical. O tropicalismo identificou e prestigiou os traços da cultura brasileira que emanavam das ma-

O SÉCULO DA CANÇÃO

nifestações habitualmente recalcadas ou rejeitadas pelos grupos de demarcação[40]. Transitou pelo rock internacional, pelo iê-iê-iê local, pelo "brega", pelo experimentalismo músico-literário, pelo folclore e *solidificou* esse ajuntamento com a imagem da "geleia geral brasileira". Cumpria, na verdade, a parte que lhe coube do principal postulado da bossa nova: "Outras notas vão entrar", já que o movimento de Tom Jobim e João Gilberto se encarregara da outra parte: "Mas a base é uma só". Enquanto a bossa nova elaborou a triagem e a decantação da música popular brasileira, o tropicalismo promoveu a mistura e a mundanização do gênero, conforme detalharemos à frente.

Nesse sentido, ainda na fase heroica da intervenção tropicalista, Caetano e Gil, egressos da mais pura MPB, visitaram o programa *Jovem Guarda*, o programa do Chacrinha e, passado algum tempo, inscreveram composições bombásticas (*É Proibido Proibir* e *Questão de Ordem*) no "III Festival Internacional da Canção", promovido pela Rede Globo, numa época de crescimento da força estudantil – e, portanto, da música engajada que a representava – e de iminente explosão da cena política[41]. A plateia das primeiras eliminatórias do Festival ouviu, estarrecida e desnorteada, as duas canções "brasileiras" impregnadas do rock que já antevia Woodstock e reforçadas por performances insólitas dos compositores "possuídos" por algo que certamente não fazia parte daquele uni-

40. Grupos reconhecidos pela atividade de demarcação de fronteiras artísticas, ideológicas, políticas etc. Para além dos limites mais nítidos que separavam direita e esquerda e suas subdivisões (linha dura, esquerda festiva etc.), multiplicavam-se as fronteiras internas no domínio do gosto: MPB engajada, MPB alienada, MPB rural, MPB samba, MPB marcha, MPB lírica, iê-iê-iê rock, iê-iê-iê romântico e muitos outros redutos.

41. Em dezembro desse ano (1968) seria assinado o Ato Institucional n. 5 que mergulharia o Brasil na mais completa ditadura militar.

verso. Aos ouvidos desse público – que chegou a ficar de costas em sinal de protesto durante a segunda apresentação de Caetano no evento – os tropicalistas apresentavam no Festival suas "decomposições" populares que deveriam, portanto, ser alijadas do concurso que, afinal, fora organizado pelos grupos de demarcação e planejado sob o signo da definição ideológica de *Caminhando* (G. Vandré) ou do lirismo ambíguo de *Sabiá* (Tom Jobim e Chico Buarque).

A desclassificação dos tropicalistas no teatro do TUCA em São Paulo foi, uma vez mais, o reverso da medalha, cujo anverso já exibia o propalado sucesso da bossa nova do Carnegie Hall em Nova York. As imagens das cabeleiras hippies, dos colares, dos camisolões e das roupas de plástico, ao som eletrizante das guitarras, apostando no êxito do fracasso aqui no Brasil, também faziam a contrapartida das cenas impecáveis retratadas nos EUA, nas quais nossos músicos aparecem sempre em trajes de gala, tocando comportadamente seus instrumentos acústicos, e determinados a fazer do evento um trampolim para o sucesso da música brasileira no exterior.

O fechamento político do Estado brasileiro, o recrudescimento da censura, os incontáveis episódios de exílio ou autoexílio e a própria falência do "esquema Record" de televisão diante do poderio crescente do "esquema Globo", tudo isso contribuiu para encerrar, juntamente com os anos 1960, o período mais concentrado e participante da história da sonoridade nacional. O vírus tropicalista, porém, já estava disseminado e se faria sentir na produção das décadas seguintes.

O resultado mais expressivo do tropicalismo como movimento musical foi a libertação estética e ideológica dos autores, intérpretes, arranjadores e produtores do universo da canção, o que acabou por influir em quase todas as áreas artísticas brasileiras. Seu principal gesto, a *assimilação* (que analisaremos à frente), foi definitivamente

O SÉCULO DA CANÇÃO

adotado pela maioria dos artistas surgidos a partir dos anos 1970. Nunca mais houve restrições que interferissem nas escolhas dos instrumentos e repertórios, nas atitudes de palco, na configuração temática ou construtiva das letras, nos arranjos, nas misturas de estilos e, sobretudo, na assimilação da música estrangeira. Sobre isso, aliás, somente o tropicalismo conseguiu de fato explicitar o óbvio: a música estrangeira, em graus diversos, é parte integrante da música brasileira.

A Sonoridade do Final do Século

Afastados do centro de criação artística, os grupos de demarcação alojaram-se nas diversas instâncias do mercado de disco, agora com o propósito de racionalizar a produção em grande escala sob critérios colhidos em pesquisas junto a públicos-alvos. Essa tendência começou a se manifestar ao longo de 1970, quando as empresas multinacionais de gravação e difusão importaram e aprimoraram métodos de introdução de produto no mercado. A primeira investida foi com a própria música norte-americana que, a custo zero, inflacionou a sonoridade brasileira durante um longo período, o que deu margem, na época, a previsões catastróficas quanto ao futuro da produção nacional. Tudo levava a crer que, no final do século, sequer haveria discos de música brasileira!

Acontece, porém, que as leis do mercado só são leis de fato quando analisadas retrospectivamente. Sua capacidade de previsão, ao menos com produto de natureza artística, é de curto alcance. O êxito dos produtores e executivos que parecem se orientar por essas leis depende bem mais da flexibilidade com que desenvolvem suas estratégias do que da determinação infalível de seus métodos. Contracenando com o encaminhamento do produto, há as

A SONORIDADE BRASILEIRA

flutuações no âmbito do gosto e das necessidades emocionais que singularizam os mais variados setores da sociedade e se manifestam diferentemente em cada fase de sua evolução histórica. Os produtores foram aprendendo a auscultar assiduamente a opinião dos ouvintes e a refazer incansavelmente seus projetos de acordo com as variações registradas.

Na esteira do sucesso de vendas da música norte-americana, os investimentos das grandes empresas concentraram-se, nos anos 1980, na criação de um símile nacional que pudesse diminuir os riscos dos lançamentos inusitados. O país mergulhara numa crise financeira que impedia qualquer aventura comercial. Ao mesmo tempo, proliferavam-se pelas grandes capitais os chamados grupos de rock em busca da dicção jovem perdida nos anos anteriores. A influência das bandas estrangeiras era flagrante, mas não chegava a ofuscar os indícios da tradição local: o charme, a simplicidade e a eficácia comercial – para não falar do descomprometimento ideológico – do repertório da primeira fase da jovem guarda formavam um modelo sugestivo para a atuação desses grupos[42]. As gravadoras souberam abrigá-los na hora certa e suas canções tomaram conta das emissoras FM, contracenando com a produção internacional do rock, do funk e do reggae.

Um pouco antes, fora da alçada das empresas, alguns grupos despontaram em São Paulo com um tipo de música que provinha de experiências de produção independente e que revelava, pela primeira vez, um contato direto com a faixa erudita. Egressos da Faculdade de Música da Universidade de São Paulo, cuja diretriz básica em seus primeiros anos de funcionamento fundava-se na "criação de vanguarda" e nas conquistas radicais das composições dodecafônicas

---

42. Os Titãs, importante banda surgida nesse cenário, se autodenominavam "Titãs do iê-iê-iê".

O SÉCULO DA CANÇÃO

e atonais dos mestres europeus, boa parte desses artistas independentes chegavam à música popular repletos de ideias e de soluções já experimentadas no plano erudito. Foi assim que Arrigo Barnabé operou com séries dodecafônicas em suas composições, mas não sem misturá-las a elocuções radiofônicas e a situações típicas das histórias em quadrinhos. Apesar de conservar uma regularidade rítmica e uma estrutura cancional com refrãos e temas recorrentes, o resultado soou demasiadamente singular para caber nos estreitos compartimentos de estilo existentes nas rádios. Itamar Assumpção, que começou tocando com Arrigo, valeu-se da competência de baixista para propor canções em que a voz dialoga com as linhas instrumentais, produzindo gestos e entoações interrompidas que refazem o samba, já impregnado de reggae e funk, em novas bases rítmicas. O grupo Rumo importou da faixa erudita a noção de *renovação* da linguagem musical, mas procurou depreendê-la no terreno específico da canção popular, detectando a entoação coloquial como chave para a composição melódica. O Premeditando o Breque, cujos integrantes também procediam da USP, programava suas músicas na tangente das tiradas humorísticas, retomando em novo estilo a tradição do samba de breque e das produções de Adoniran Barbosa, sem abandonar a dicção do rock contemporâneo na qual seus músicos se formaram. O interessante é que todos esses grupos, embora trabalhassem à distância, sem grandes trocas de informação, tinham em comum, além da independência em relação às gravadoras, a manifestação da fala cotidiana em suas composições. Com maior ou menor ênfase, todos elaboravam suas inflexões entre a entoação da linguagem oral e a melodia musical, cantando e "contando" letras narrativas ou de situação.

Não se sabe se por influência ou simples inspiração de época, essa oralidade dos independentes ressurgiu, com toda nitidez, na

A SONORIDADE BRASILEIRA

estrutura da primeira canção-rock brasileira da safra dos anos 1980 que conseguiu provocar intensa resposta comercial: *Você Não Soube me Amar* (banda Blitz). Depois disso prevaleceu a tendência à tematização, ou seja, às canções aceleradas, centralizadas no refrão e repletas de recorrências melódicas, numa linha de clara reabilitação da dança e dos estímulos corporais no centro da canção-pop[43]. Os Paralamas do Sucesso encarnaram essa música rítmica, com hábil assimilação de gêneros do Caribe em soluções tipicamente brasileiras. Outras bandas reforçaram a dicção rock, mas servindo-se também, de forma menos explícita que a Blitz, da oralidade: Barão Vermelho, com o canto-falado de Cazuza, os Titãs, com motes lançados em forma de palavras de ordem e Legião Urbana, com extensas narrativas contadas por Renato Russo.

A predominância desses grupos e de outros menos duradouros nas FMs, muitas vezes em detrimento de bandas norte-americanas universalmente consagradas, nacionalizou de vez o rock, mas, ao mesmo tempo, exorbitou com seu viés cada vez mais rítmico, volumoso e denso. Com o mercado extremamente setorizado e predefinido pelas grandes empresas, não havia espaço sequer para a música popular de outros países. Na década de 1970, por exemplo, além da explosão da música brasileira na TV e da hegemonia habitual das canções de língua inglesa nas rádios, havia enorme penetração do repertório romântico italiano que, aliás, acabou conformando

---

43. A maior parte do repertório de sucesso da década de 1970 contemplava o lirismo e os temas românticos. Mesmo a tradição do rock brasileiro, que permanecia nas guitarras de Raul Seixas ou Rita Lee, enveredava com frequência pelo "brega" ("Gita") ou pelo sensual-romântico (*Mania de Você, Doce Vampiro*). O mesmo acontecia com Tim Maia ou Jorge Ben Jor que, entretanto, mantinham a maioria de seus funks voltados para a dança. A explosão das discotecas, como lugares próprios para essa atividade, ao mesmo tempo atraía a atenção dos compositores (como Caetano e Gilberto Gil) e liberava-os para a produção em outro segmento.

O SÉCULO DA CANÇÃO

o estilo pós-jovem guarda de Roberto Carlos[44]. Isso dava vazão aos conteúdos emocionais que, como já comentamos, se instalam predominantemente nas durações típicas do canto passional desacelerado. Um pouco antes, nos anos 1940 e 1950, havíamos tido o samba-canção e o bolero; em fase posterior, nos anos 1970, tivemos as canções passionais de Gonzaguinha na voz de Maria Bethânia, o canto de Joana e do próprio Roberto Carlos. Nos anos 1980, esse espaço contraiu-se de tal forma que, tirante a produção anual do eterno "rei" da juventude e de algumas intervenções requintadas como as de Djavan, os conteúdos desbragadamente emotivos só podiam ser desfrutados em segmentos desprestigiados, cujo estigma já vinha expresso pelo termo "brega". Coube aos atentos e flexíveis produtores do mercado de disco detectar a carência de canções de apelo simples e direto ao mundo sensível (mais precisamente, sentimental) e promover a consagração de artistas estigmatizados – mas em franca atividade no meio rural ou no âmbito da multidão anônima, de pouco poder aquisitivo, dos grandes centros – bem nas barbas da "elite popular"[45], inicialmente na faixa AM das rádios, mas, logo depois, nos espaços nobres da FM. A música sertaneja ocupou o quinhão da sonoridade passional brasileira e atingiu picos inimagináveis de venda. Hoje, o próprio conceito de "brega" deve ser revisto. Para além da qualidade da criação, brega significa *inflexão passional* na melodia e na letra da canção para salvaguardar a circulação dos conteúdos afetivos na comunidade. Só depois de

44. Roberto Carlos adota amplamente a dicção italiana depois de vencer o Festival de San Remo, na Itália, defendendo a composição de Sergio Endrigo "Canzone Per Te".

45. Desde o advento da bossa nova formou-se no país uma elite especialmente interessada em música popular e, com o progressivo recolhimento da música erudita às salas de concerto e às universidades, essa elite, por seu alto poder aquisitivo, passou a ser um dos alvos prediletos da indústria do disco.

A SONORIDADE BRASILEIRA

saudável "breguização", o rock brasileiro voltou ao topo das paradas de sucesso no final do século passado.

No decorrer da evolução cíclica dos gêneros, a exacerbação do canto brega na voz de numerosas duplas sertanejas surgidas na passagem dos anos 1980 aos 1990 desequilibrou novamente o universo cancional do país, esvaziando-o do elã básico que acompanha o som brasileiro desde a época dos batuques. Embora sempre permaneçam forças de resistência que não deixam desaparecer o gênero – e nessa época, o vigor dos Paralamas, de Sandra de Sá e dos mestres permanentes do segmento eufórico como Jorge Ben Jor, Gilberto Gil ou Tim Maia zelava bravamente pelo ânimo psíquico e fisiológico das canções aceleradas –, o quadro musical só se reequilibrou de fato com a generalização dos grupos regionais de percussão (Olodum, Timbalada) e com a consolidação comercial da música axé. Esta última ainda acabou por conceber, em algumas de suas manifestações (como as do grupo É o Tchan! interpretando a canção que lhe deu o nome), uma forma de espetáculo televisivo tecnicamente impecável que atingia, ao vivo e com ingredientes nacionais, o que os grandes artistas dançarinos dos EUA (Michael Jackson, Prince ou Madonna) só conseguiam obter nas performances altamente elaboradas de seus clipes. Entre as músicas axé e sertaneja, configurou o moderno pagode que se servia igualmente da base rítmica e do elemento brega e se filiava à tradição do samba simples.

Alvos de imenso bombardeio crítico desferido por representantes da elite popular (artistas, jornalistas e pensadores de modo geral), esses gêneros que dominaram nosso mercado de disco nos anos 1990 mudaram a história da sonoridade brasileira. Justamente na década em que estava previsto o desaparecimento da canção nacional diante da escalada da produção norte-americana na

O SÉCULO DA CANÇÃO

mídia, deu-se o efeito inverso: ritmos que brotaram do carnaval nordestino, melodias derivadas do canto caipira, conformações extraídas do velho samba e até o rock suficientemente nacionalizado (ou mesmo breguizado) apoderaram-se das melhores fatias do mercado, criando nos ouvintes até mesmo uma certa nostalgia da música estrangeira. Evidente que para adquirir valor competitivo no mundo impessoal e perverso da indústria cultural, esse novo produto musical brasileiro assimilou técnicas de padronização e de serialização que lhe retiraram a força inventiva no âmbito particular de cada obra. Mas na atuação em grande escala, o sucesso dessa música, fortemente impulsionado por grupos de produtores nacionais e internacionais – cuja flexibilidade é bem maior que a da elite popular –, esmagou a concorrência e fechou o século confirmando a propalada pujança da música brasileira.

Na esteira desse fenômeno, incontáveis nichos de criação que sempre fizeram parte integrante do universo cancional brasileiro, sobretudo a partir da bossa nova, foram conquistando espaços mais significativos – proporcionais a seu "coeficiente comercial" – no campo da sonoridade brasileira. O extraordinário avanço técnico e o consequente barateamento da gravação de discos propiciaram maior intercâmbio entre "artistas de criação" e "artistas de mercado", quando não favoreceram diretamente a fusão dessas duas categorias num só personagem perfeitamente compatibilizado com a dinâmica comercial, como foi o caso de Carlinhos Brown, Arnaldo Antunes, Lenine e tantos outros. Assistimos ainda, de um lado, à projeção e à reabilitação de nomes talentosos que, por falta de condições materiais, viviam fora do circuito cultural (Tom Zé, Elza Soares, Luiz Melodia etc.) e, de outro, à repercussão internacional de artistas e movimentos brasileiros que, a exemplo da bossa nova, passaram a despertar o interesse das outras nações (o caso mais notório foi a moda do tropicalismo nos EUA). Portanto, embora os focos de manifestação musical estivessem nesse período espalhados irregularmente por boa parte do território nacional e distribuídos ao longo do ano em projetos e eventos que atingiam o apogeu no período de carnaval – e não mais concentrados em casas como a de Tia Ciata ou a de Paulo Machado de Carvalho – jamais, em toda a sua história, a sonoridade brasileira viveu a hegemonia ostentada na passagem do milênio. Mas como os períodos hegemônicos dificilmente podem ser captados pelos contemporâneos, em geral mergulhados em idiossincrasias, nostalgias ou pequenos embaraços conjunturais, neste novo milênio haverá tempo suficiente para uma avaliação mais "des-envolvida".

O Século xx em Foco

Entrada no Século

A prática musical brasileira sempre esteve associada à mobilização melódica e rítmica de palavras, frases e pequenas narrativas ou cenas cotidianas. Trata-se, como já dissemos no capítulo anterior, de uma espécie de oralidade musical em que o sentido só se completa quando as formas sonoras se mesclam às formas linguísticas inaugurando o chamado gesto cancional. Tudo ocorre como se as grandes elaborações musicais estivessem constantemente instruindo um *modo de dizer* que, em última instância, espera por um conteúdo a ser dito. Essa espera pode ser muito breve, quando o próprio compositor já se encarrega também da criação dos versos ou a encomenda a um parceiro próximo, pode se prolongar por dez anos – como aconteceu com *Carinhoso*, a melodia de Pixinguinha que teve seu ciclo de música instrumental até "se completar" na letra de João de Barro –, por 60 anos – como o choro *Odeon* de Ernesto Nazareth composto em 1908 e que

O SÉCULO DA CANÇÃO

ganhou letra de Vinicius de Moraes em 1968 – ou por um tempo indeterminado como parece ser o caso de quase todo o repertório musical brasileiro que ainda não se converteu em canção...

Isso não significa a ausência no país de uma tradição eminentemente musical, empenhada em desenvolver recursos que independam de qualquer gênero de oralidade. Acontece que os resultados obtidos nessa esfera de produção estão longe de representar a principal via da originalidade brasileira, se não pela qualidade em comparação com a criação musical do resto do mundo, pelo menos pela quantidade, pouco expressiva se a confrontarmos com os números exibidos na área da canção. Por isso, preferimos nos ater ao âmbito que se revelou mais fecundo e, consequentemente, mais promissor para a entrada do novo milênio.

A canção brasileira, na forma que a conhecemos hoje, surgiu com o século xx e veio ao encontro do anseio de um vasto setor da população que sempre se caracterizou por desenvolver práticas ágrafas. Chegou como se fosse simplesmente uma outra forma de falar dos mesmos assuntos do dia a dia, com uma única diferença: as coisas ditas poderiam então ser reditas quase do mesmo jeito e até conservadas para a posteridade. Não é mera coincidência, portanto, que essa canção tenha se definido como forma de expressão artística no exato momento em que se tornou praticável o seu registro técnico. Ela constitui, afinal, a porção da fala que merece ser gravada.

Entre o lundu, de origem fincada nos batuques e nas danças que os negros trouxeram da África e desenvolveram no Brasil, e a modinha, cujo caráter melódico evocava trechos de operetas europeias, um gênero apontando para os terreiros e o outro para os salões do século xix – mas ambos já impregnados de sensualidade híbrida que, muitas vezes, os tornavam indistintos –, configura-se

O SÉCULO XX EM FOCO

a canção do século xx, a esta altura apontando também para um terceiro elemento que se tornaria vital à sua identidade: a letra. Não tanto a letra-poema, típica das modinhas, ou a letra cômico-maliciosa dos lundus, mas a letra do falante nativo, aquela que já nasce acompanhada pela entoação correspondente. Sem nunca deixar de lado o lirismo ou mesmo a comicidade que já reinavam no período oitocentista, a nova letra, que só se consolidou nos anos 1920 com Sinhô, substituiu o compromisso poético pelo compromisso com a própria melodia, ou seja, o importante passou a ser a adequação entre o que era dito e a maneira (entoativa) de dizer, bem mais que o valor intrínseco da letra como poema escrito ou declamado.

Justamente por não ser nem demasiadamente percussiva, nem demasiadamente "musical" (como o chorinho, por exemplo, que se nutria de requintadas sutilezas instrumentais), essa nova canção ganhou, como já expusemos, a concorrência para as primeiras gravações. Dos batuques emanavam um volume de som incompatível com os parcos recursos de gravação implantados pelos primeiros grupos de fonógrafos que aportaram no Rio de Janeiro. De outra parte, os mestres do chorinho e de outros gêneros de música escrita não viam razão para trocar sua forma precisa de registro em partitura pelos meios fonomecânicos rudimentares que jamais expressariam todos os matizes musicais de suas composições. As canções, ao contrário, por estarem baseadas numa oralidade de natureza instável (também já vimos que a entoação da fala tende a desaparecer assim que a mensagem do texto é transmitida), precisavam da gravação como recurso de fixação das obras que, até então, quando não se perdiam nas rodas de brincadeira, passavam a depender exclusivamente da boa memória de seus praticantes.

O SÉCULO DA CANÇÃO

Assim, ao convidar cantores de música popular, como Cadete e Baiano, para testar a nova tecnologia de registro sonoro, o pioneiro Frederico Figner não sabia que, para solucionar o problema prático de inserção de um produto no mercado, estava consagrando definitivamente a oralidade brasileira. Realmente, a partir desse instante, jamais se interrompeu o fluxo de criação e perpetuação das formas cantáveis da fala, gerando no Brasil uma das tradições cancionais mais sólidas do planeta.

PRINCÍPIO ENTOATIVO

Um fenômeno recorrente na história da canção brasileira chama a atenção dos pesquisadores que empreendem seus estudos pelo viés musical. Por mais que os ambientes sonoros, nos quais surgiram as melhores obras do repertório nacional, tenham sido marcados pela presença de músicos competentes, maestros arranjadores ou instrumentistas notáveis, o centro de criação dessas obras sempre esteve nas mãos de outros artistas, amplamente reconhecidos como compositores e letristas de sucesso, que em geral exibiam pouca intimidade com a linguagem musical. Evidente que quase todos dispunham de boa musicalidade, no sentido de reter melodias na memória, reproduzir ritmos percussivos, tocar instrumentos de ouvido, mas isso não significa que conseguissem traduzir intelectualmente o que eles próprios realizavam. As chamadas divisões de compasso, a concepção harmônica, a orquestração e, no final das contas, a partitura escrita sempre ficavam a cargo dos especialistas que, por sua vez, embora fossem mestres em estabelecer essas conversões e em corrigir soluções malformadas, não ousavam assumir o papel desses artistas "despreparados" na fase da criação. Os músicos conhecedores da tradição escrita, mas

O SÉCULO XX EM FOCO

que tiravam o seu sustento de atividades na faixa popular, sempre devotaram especial respeito aos compositores que sabiam aliar melodias a letras independentemente de seu nível de formação musical.

Isso configura um sintoma precioso para calibrar os critérios de avaliação dessa produção popular. Antes de tudo, o que assegura a adequação entre melodias e letras e a eficácia de suas inflexões é a base entoativa. De maneira geral, as melodias de canção mimetizam as entoações da fala justamente para manter o efeito de que cantar é também dizer algo, só que de um modo especial. Os compositores baseiam-se na própria experiência como falantes de uma língua materna para selecionar os contornos compatíveis com o conteúdo do texto. Tal princípio entoativo é, ao mesmo tempo, simples e complexo.

É simples porque o foco de sentido de uma curva entoativa concentra-se sobretudo em sua finalização, ou seja, nas inflexões que antecedem as pausas parciais ou o silêncio derradeiro. Essas inflexões, denominadas *tonemas*, podem ser descendentes, ascendentes ou suspensivas (quando sustentam a mesma altura). A descendência está cultural e tradicionalmente associada a conclusões de ideias. A distensão da curva indica que, em princípio, não há nada a acrescentar. Evidente que, por contraste, as duas outras formas, ascendente e suspensiva, perfazem a tensão típica da continuidade: ou temos uma pergunta (explícita ou implícita), ou temos a informação sub-reptícia de que o discurso deve prosseguir, ou ainda temos o indício de que algo ficou suspenso. Ao adotar espontaneamente esses tonemas da fala cotidiana, fazendo-os coincidir – também espontaneamente – com os momentos afirmativos, continuativos e suspensivos da letra, o compositor já responde por uma compatibilidade natural entre os dois componentes da canção

73

O SÉCULO DA CANÇÃO

e já determina um primeiro grau de cumplicidade com o ouvinte que reconhece, em geral também sem ter consciência, os recursos típicos de sua língua materna.

Mas esse princípio entoativo possui igualmente uma dimensão mais complexa. Além do paralelismo já mencionado entre frases (ou versos) e suas respectivas entoações, que permanece de fundo em toda e qualquer canção, há encaminhamentos melódicos de largo alcance que expandem as enunciações para ascendências ou descendências distantes, de maneira que os segmentos parciais passam a ser definidos também pela direção extensa com a qual estão comprometidos. E, durante o percurso melódico, outros recursos vão sendo ativados, prestigiando ora a configuração rítmica, ora a orientação melódica. No primeiro caso, temos a forma concentrada de composição: a elaboração musical tende para a construção de temas e de refrãos (como marchinhas de carnaval, música axé e toda sorte de canções dançantes). No segundo, temos a forma expandida em que os motivos melódicos tendem a se diluir em favor das trajetórias realçadas pela evolução mais lenta das notas musicais (como no caso dos boleros e das canções românticas em geral).

Os cancionistas, já mencionados no capítulo anterior, são os artesãos dessa forma de compor que tem por base – entre outras coisas, mas acima de tudo – as inflexões entoativas da fala cotidiana. São os herdeiros de Cadete e de Baiano e ostentam como habilidade principal a criação de melodias e letras fortemente compatibilizadas, sem que, para isso, disponham necessariamente de formação musical ou literária. Embora nada devessem à tradição escrita da música e da literatura, muitos cancionistas dos primeiros tempos, como Catulo da Paixão Cearense, Cândido das Neves, Heckel Tavares, Orestes Barbosa ou mesmo, nos anos 1930, Ary Barroso, sentiam um certo desgosto por não praticar uma arte

O SÉCULO XX EM FOCO

já suficientemente reconhecida pelos povos colonizadores. Isso transparece em melodias grandiosas ou em versos empolados produzidos por esses artistas, como que tentando dizer que os grandes conteúdos não podiam ser expressos por um formato tão singelo como o da canção. Ao mesmo tempo, defendiam a linguagem popular para o tratamento dos assuntos cotidianos e, assim, acabavam por produzir uma obra desigual, mas nem por isso menos importante para a consolidação da prática que iniciara com o século. Outros, como Noel Rosa, Ismael Silva, Wilson Batista, Lamartine Babo ou Assis Valente, jamais manifestaram qualquer indício de frustração com a militância cancional. Noel, por exemplo, dedicou inúmeras letras ao tema do "orgulho em ser sambista", o que constituía um signo de altivez e de total segurança com relação ao poder de sedução da nova linguagem.

Os Cancionistas

Os cancionistas firmaram-se de vez na década de 1930. A vasta produção desse período consagrou a entoação da linguagem oral como centro propulsor de todas as soluções melódicas que resultaram nos gêneros e estilos até hoje praticados[1]. Bem mais poderosa que os tradicionais recursos enunciativos de ancoragem na primeira pessoa, no "eu lírico", a entoação atrela a letra ao próprio corpo físico do intérprete por intermédio da voz. Ela acusa a presença de um "eu" pleno (sensível e cognitivo) conduzindo o

---

1. Evidente que os próprios compositores e músicos de modo geral jamais tiveram consciência dessa matriz entoativa subjacente às canções. Seu uso era totalmente espontâneo e, em larga medida, camuflado pelos recursos musicais de fixação das obras. Trata-se, portanto, de uma constatação retrospectiva proveniente de um enfoque analítico.

O SÉCULO DA CANÇÃO

conteúdo dos versos e inflete seus sentimentos como se pudesse traduzi-los em matéria sonora. De posse dessa força entoativa, e valendo-se do poder de difusão das ondas radiofônicas, os cancionistas se esmeraram em fazer dos intérpretes personagens definidos pela própria entoação. Ouvia-se então a voz do malandro, a voz do romântico, a voz do traído, a voz do embevecido, a voz do folião, todas revelando a intimidade, as conquistas ou o modo de ser do enunciador.

A partir desse princípio geral, foram se estabilizando os tipos de compatibilidade entre melodia e letra já mencionados anteriormente. Melodias que tendiam à contração, seja pelo andamento acelerado, seja pelas frequentes reiterações temáticas, serviam às letras de celebração das uniões, das aquisições, enfim, dos estados de plenitude. *Chiquita Bacana* (João de Barro/Alberto Ribeiro), *Camisa Listrada* (Assis Valente) e *Samba da Minha Terra* (Dorival Caymmi) são exemplos de canções, concentradas no refrão, cujas entoações cíclicas indicam identidade entre elementos melódicos, do mesmo modo que, na letra, os sujeitos aparecem em perfeita conjunção com os respectivos objetos de desejo. Melodias que tendiam à expansão lenta de seu percurso no campo de tessitura, apontando para regiões sonoras mais distantes dos refrãos, pediam letras que de alguma forma configuravam situações disjuntivas, de abandono, mas com horizontes de conjunção projetados tanto sobre o passado (saudades, lembranças etc.), como sobre o futuro (esperanças, projetos etc.). *O Ébrio* (Vicente Celestino), *Pra Machucar Meu Coração* (Ari Barroso) e *Lábios que Beijei* (J. Cascata e Leonel Azevedo) contêm esse tipo de melodia que se desdobra vagarosamente em rotas evolutivas, descrevendo musicalmente as tensões disjuntivas (da perda ou da falta do objeto) responsáveis pelas emoções do sujeito no plano da letra.

O SÉCULO XX EM FOCO

Outras melodias ainda mantinham relativamente desativados seus recursos de concentração temática ou de expansão passional dos contornos para apresentar, *hic et nunc*, a voz do enunciador dizendo algo considerado oportuno. Com inflexões similares às da linguagem oral cotidiana essas melodias geralmente conduziam "letras de situação", aquelas que simulam que alguém está falando diretamente com alguém em tom de recado, desafio, saudação, ironia, lamentação, revelação etc. *Palpite Infeliz* ou *Até Amanhã* (Noel Rosa), *Minha Palhoça* (J. Cascata) e *Acertei no Milhar* (Wilson Batista / Geraldo Pereira) são canções típicas desse estilo cancional, o mais próximo da raiz entoativa.

Percebendo a força enunciativa da canção popular no final da década de 1930, o Estado Novo de Getúlio Vargas chegou a encomendar aos compositores temas mais "edificantes" e, sobretudo, posturas mais disciplinadas e pedagógicas para os personagens gerados na instância do "eu". Seria útil ao regime ditatorial recém-instalado que os influentes enunciadores da canção trocassem o tema da orgia, do amor e do samba pelo do trabalho e da vida regrada. Quanto ao samba (com as características examinadas acima), este já estava de tal forma disseminado na vida do povo brasileiro que, tentar substituí-lo por gêneros de música culta, seria um ato condenado ao fracasso.

Embora contasse com a adesão (provavelmente interessada) de alguns poucos compositores populares, a empresa não pôde prosperar já que, em última instância, os propósitos governamentais abalariam a própria compatibilidade entre melodia e letra. Não é difícil forjar um tema e um comprometimento enunciativo na letra. O embaraço está em sustentar uma simulação melódica. A entoação, como já vimos, descreve sem intermediação o perfil do enunciador, com todas as crenças, convicções (inscritas, por

O SÉCULO DA CANÇÃO

exemplo, nas descendências asseverativas), dúvidas, ironias, hesitações, enfim, com todas as modalidades afetivas e cognitivas que definem a personalidade do sujeito. Essa espécie de "sinceridade" melódica não pode ser dissimulada por muito tempo, sob pena de esmorecer o próprio gesto composicional. Foi assim que as canções de sucesso continuaram exaltando os valores pouco ortodoxos do povo boêmio, expressando-se pelas três principais vias – temática, passional e enunciativa – examinadas acima e fazendo das décadas de 1940 e 1950 o período de sua grande difusão radiofônica por todo o Brasil.

A Era Moderna

A partir de 1955, disputando o mercado com o bolero e o tango que aqui aportavam, os produtores e intérpretes passaram a encomendar aos compositores cada vez mais sambas-canções (versão brasileira dos gêneros hispano-americanos), no ensejo de conquistar o imenso público que se formava em torno desse segmento passional. Se por um lado o projeto teve êxito, por outro, gerou significativa perda de audiência no âmbito dos jovens, principalmente entre os estudantes. Quando não vem compensada pelos recursos da tematização e da enunciação oral a dicção romântica corre o risco de adquirir excessos sentimentais que beiram o melodrama. Isso costuma afastar o público – em geral, mais abastado – que se envolve de forma mais objetiva e técnica com o mundo musical. Tal perspectiva, mais a notória influência do cool jazz absorvida por importantes nomes que começavam a ingressar, desde o início da década, no cenário musical brasileiro (Dick Farney, Lúcio Alves, Johnny Alf, Tom Jobim), deram condições para a primeira tomada de posição estética ocorrida no

O SÉCULO XX EM FOCO

interior da música popular brasileira. Por volta de 1958, em plena euforia do período JK, alguns violonistas, pianistas e cantores muito jovens, a maioria proveniente da classe média carioca e dos circuitos universitários, celebravam o nascimento da bossa nova. Foi o primeiro movimento com núcleo na música popular que se espraiou por vários setores da sociedade brasileira (do estético ao político), fundando um novo modo de ser.

Importa-nos comentar, tanto neste quanto nos capítulos à frente, as principais dicções que deram personalidade estética ao movimento: a de Tom Jobim e a de João Gilberto. Ao compor *Tereza da Praia* (1954) com o sambista Billy Blanco, Tom Jobim já anunciava a prática, que seria uma constante no período seguinte, de substituir a oratória passional pela linguagem coloquial. Ainda se atendo às generosas inflexões melódicas em voga, os autores não deixavam de reativar as entoações em sua expressão mais adequada ao diálogo natural e direto. Além disso, o compositor carioca enveredava pelas dissonâncias provenientes do jazz com a função precípua de condensar efeitos emocionais, antes inscritos na vasta expansão dos contornos e no encadeamento harmônico de base das canções. O emprego dos novos acordes sugeriam novas direções – portanto, novos sentidos – melódicas que jamais poderiam constar das sequências de tríades perfeitas até então adotadas. Aos poucos, Jobim foi também eliminando do acompanhamento toda sorte de notas supérfluas que não contribuíssem diretamente para a caracterização da função harmônica.

A única maneira de apreciar essa nova canção, com os parâmetros da época, era por aproximação às soluções musicais norte--americanas que, no pós-guerra, tornaram-se modelo de qualidade em todas as culturas que as consumiam pelas rádios, pelos filmes de Hollywood ou pelos discos importados. Mas ficou claro com

O SÉCULO DA CANÇÃO

o tempo que o verdadeiro gesto de Jobim apontava para outra direção. Toda a influência do jazz foi utilizada na reabilitação das dicções, enunciativa e temática, que vinham sendo sistematicamente neutralizadas pelo sucesso popular da dimensão passional[2].

Essa intervenção na música brasileira fica ainda mais definida com a participação radical do violonista e intérprete baiano João Gilberto. Como já deixamos entender no capítulo anterior, esse cancionista adota a nova inteligência harmônica que impregnava nossa música dos anos 1950, mas a incorpora em acordes compactos que, no violão, favorecem a condução percussiva. Com isso, reencontra a batida do samba sem precisar enfatizar seus tempos fortes que, a esta altura, já eram considerados suficientemente assimilados pela cultura musical brasileira. Mencionamos também o "toque de tamborim" que o cantor incorpora em sua batida e mesmo o ajuste de voz, calibrada no volume da fala cotidiana, que se adapta à articulação precisa das unidades temáticas, deixando-as flutuar sobre a batida de fundo dos acordes sem muita dependência rítmica. Falta comentarmos sua escolha das letras. João Gilberto dispensa todo e qualquer excesso que possa resvalar no dramático e passa a escolher canções que falem do próprio gênero (*Samba da Minha Terra, Samba de Uma Nota Só* – Tom Jobim / Newton Mendonça), que tratem de conteúdos leves, quase infantis (*Lobo Bobo* – Carlos Lyra, *O Pato* – Jayme Silva / Neuza Teixeira, *Bolinha de Papel* – Geraldo Pereira) ou de amores que fluem ou tendem

---

2. Como essas ocorrências são cíclicas, vez por outra revivemos situação semelhante ainda que inserida em diferente contexto histórico, mercadológico e estético. A hegemonia do samba-canção dos anos 1950 pode ser associada, guardadas as devidas proporções de consumo, ao *boom* da música sertaneja no início da década de 1990.

O SÉCULO XX EM FOCO

a fluir sem sofrimento passional (*Amor em Paz* – Tom Jobim / Vinicius de Moraes, *Corcovado* – Tom Jobim).

Nesse sentido, a bossa nova de Tom Jobim e João Gilberto aprumou a canção brasileira expondo o que lhe era essencial. Essa triagem dos traços fundamentais deu origem ao que hoje podemos chamar de *protocanção*, uma espécie de grau zero que serve para neutralizar possíveis excessos passionais, temáticos ou enunciativos. Isso não significa que os excessos não sejam bem--vindos ou que não garantam a saúde da linguagem cancional. São eles que transpõem os limites consagrados pelo uso e pelo senso comum. São eles que ultrapassam as barreiras dos gêneros e dos estilos, pondo em risco a própria existência da linguagem como campo específico de comunicação. Sem os excessos a canção perderia sua força de experimentação, tanto estética como comercial. Mas a bossa nova, cuja marca é justamente a da decantação, não os suporta. Toda vez que um cancionista – roqueiro, pagodeiro, tecno, sertanejo, vanguardista etc. – sente necessidade de fazer um recuo estratégico para recuperar as linhas de força essenciais de sua produção, o principal horizonte que tem à disposição é a bossa nova. Ela oferece elementos para decantar o gesto fundamental dos artistas dos sedimentos passionais, maneiristas, ou mesmo viciosos, que muitas vezes imobilizam o trabalho musical. Não se trata de compor como Tom Jobim ou de cantar como João Gilberto, mas sim de descobrir os fatores básicos e determinantes do próprio estilo. Quase todos os grandes nomes do final do século XX – como Caetano Veloso, Rita Lee, Cazuza, Gal Costa, Titãs, Gilberto Gil, Tim Maia etc. – já tiveram seu período bossa-nova. A série de gravações "acústicas" promovida pela MTV brasileira a partir dos anos 1990 não deixava de ser uma proposta bossa-nova para revitalizar a carreira dos artistas.

O SÉCULO DA CANÇÃO

Com o encerramento da era de Juscelino e o crescimento dos conflitos políticos, acirrados pela evolução das forças de esquerda no país, a canção brasileira entrou nos anos 1960 manifestando progressiva tendência ao engajamento ideológico. Os herdeiros da bossa nova, aliados aos novos expoentes do teatro e do cinema da época, procuraram dar mais consequência a seus trabalhos a partir de um contato direto com o samba e com os sambistas de raiz. Sob a direção de Augusto Boal, Nara Leão apresentou, em 1964, com Zé Keti e João do Vale, o show *Opinião*. Pouco depois, sob o comando de Elis Regina, o programa *O Fino da Bossa*, promovido pela televisão Record de São Paulo, tornou-se a residência "oficial" da música brasileira que, uma vez por ano, fazia dos célebres festivais da música popular brasileira o seu campo de batalha. Foi quando surgiu a expressão MMPB (Moderna Música Popular Brasileira), depois reduzida para MPB, cuja correspondência com siglas de partidos políticos não era de todo casual.

Especialmente imbuídos da dicção de Tom Jobim e João Gilberto, os compositores Caetano Veloso e Gilberto Gil começaram a depreender na música popular uma conduta excessivamente unidirecional, do ponto de vista estilístico e ideológico, que chegava a restringir e até certo ponto estereotipar a criação brasileira. Para tratar de conteúdos nacionais, em que predominava a utopia de uma nova sociedade em um novo tempo[3], boa parte dos compositores havia apostado na recriação de uma música fundada em motivos folclóricos, em contextos rurais e em instrumental típico de certas regiões, atrelando a desejada revolução político-social à consciência da própria identidade e à autenticidade dos valores

3. Cf. artigo de Walnice N. Galvão, "MMPB: uma Análise Ideológica", escrito em 1968 e reunido mais tarde na coletânea *Saco de Gatos*, São Paulo, Melhoramentos/Edusp, 1976.

O SÉCULO XX EM FOCO

defendidos. Todos os autores da MPB participavam, com maior ou menor convicção, desse ideário cujas diretrizes, embora não explicitadas, eram acatadas como senha de um comportamento de esquerda.

Tal conduta unidirecional, que se convertera em verdadeira bula para a produção de canções competitivas no âmbito dos festivais, não era em si um problema para a sonoridade brasileira. Afinal, surgiram compositores de grande fôlego criativo (Edu Lobo, Milton Nascimento etc.), bem como obras antológicas, calcados nesse espírito de época. O que incomodava os ouvidos dos futuros tropicalistas era a progressiva atitude de exclusão adotada pela MPB. Não havia lugar para o rock internacional, que vivia um apogeu admirável com os fenômenos Beatles, Rolling Stones, Janis Joplin e Jimi Hendrix entre outros, e muito menos para a singela réplica nacional dessa música lançada pela despretensiosa jovem guarda. Também não havia espaço para a canção passional, considerada "cafona" (ou "brega", como passou a ser chamada mais tarde) e tão "alienada" quanto a da jovem guarda, para o samba coloquial (aquele que, em última instância, transmitia a fala popular do malandro) e, a esta altura, nem mesmo para a bossa nova com suas letras dessemantizadas.

Se essa atitude exclusivista não pode ser atribuída indiscriminadamente a todos os representantes da MPB sediados à época na rede Record de São Paulo – Chico Buarque, por exemplo, jamais agiu nessa direção –, certamente ela caracterizou a intervenção da linha de frente do movimento como um todo, ocupada pela canção de protesto, e se instalou simbolicamente em pequenos gestos de artistas que mantinham incontestável liderança musical no meio; Geraldo Vandré, porta-voz-mor da música destinada à

O SÉCULO DA CANÇÃO

"conscientização das massas", talvez tenha sido o caso mais típico de manifestação dessa atitude[4].

Evidente que as tais condutas exclusivistas não constituíam estratégia previamente equacionada por seus líderes, como se dá constantemente na área política ou publicitária, com o propósito deliberado de vencer a concorrência. Tudo indica que os representantes do segmento "protesto" acreditavam sinceramente que a ocupação dos disputados espaços no mundo da canção por uma ala revolucionária (no sentido político do termo) seria algo de grande importância para o país. Como sempre, porém, nos meios escolhidos para se atingir o objetivo final de transformação, ficam consignadas as intenções inconscientemente mascaradas e que, com o tempo, vão se revelando até mesmo a seus próprios portadores.

Um dos méritos dos tropicalistas foi o de intuir, no calor da hora, a existência do projeto de exclusão e aplicar-lhe incontinenti o antídoto adequado. Caetano e Gil apostaram então todas as suas fichas na diversidade, no reconhecimento de todos os estilos que compuseram a sonoridade brasileira, sem qualquer restrição de ordem nacionalista, política ou estética. Mais do que isso, os compositores incorporaram o mercado e suas leis tipicamente capitalistas como um aliado na luta por essa pluralidade musical. Entre as primeiras medidas tropicalistas de impacto estavam, portanto, as visitas de seus líderes aos programas do Roberto Carlos e do Chacrinha.

Do ponto de vista musical, as composições também deixavam transparecer os sinais da fusão intensamente promovida. Os acordes dissonantes difundidos pela bossa nova, e tão presentes no nascedouro das carreiras de todos os herdeiros de João Gilberto, cederam lugar às tríades perfeitas pré-bossa-nova, não por uma

---

4. Detalharemos a atitude exclusivista no sexto capítulo.

O SÉCULO XX EM FOCO

volta ao passado, mas porque caracterizavam o limitado universo musical da jovem guarda, bem como o do rock internacional. Canções como *Baby* (descrita mais adiante) ou *Objeto Não Identificado*, de Caetano Veloso, lançadas no auge do movimento, ilustram bem a nova adoção tropicalista. Nas letras, reinavam as justaposições quebrando a hierarquia sintática das frases ao lado de temas "improváveis" na tradição cancional brasileira: atitudes existenciais, modernidade científica e mercadológica e toda sorte de simbologia (o que, por outro lado, impedia uma aproximação pura e simples entre tropicalismo e jovem guarda).

A reinterpretação de canções consagradas do repertório brasileiro, por sua vez, passou a ter sabor de manifesto, de anexação de setores esquecidos, marginais ou estigmatizados para o centro do movimento tropicalista. Essa prática foi sendo sistematicamente reiterada sobretudo por Caetano Veloso desde sua versão de *Coração Materno* (Vicente Celestino) incluída no LP *Tropicália* até o sucesso retumbante de *Sozinho* (Peninha) nos anos 1990, ambas recuperadas de área excluída pela elite cultural. E nesses mais de trinta anos que separam a primeira da segunda gravação, Caetano propôs versão para *Carolina* (Chico Buarque) – nesse caso, especificamente, criando-lhe arestas interpretativas que abalavam a perfeição consensual da gravação original – para *Charles, Anjo 45* (Jorge Bem Jor), *Chuvas de Verão* (Fernando Lobo), *Asa Branca* (Luiz Gonzaga / Humberto Teixeira), *Tu Me Acostumbraste* (F. Dominguez), *Na Asa do Vento* (L. Vieira / João do Vale), *Vampiro* (J. Mautner), *Amanhã* (Guilherme Arantes), *Fera Ferida* (Erasmo e Roberto Carlos), para a música dos Beatles, de Michael Jackson, Bob Dylan e para numerosas outras composições, sempre nesse espírito de expansão do território tropicalista.

O SÉCULO DA CANÇÃO

Expansão dos Gestos Bossa-Nova e Tropicalista

A bossa nova foi um movimento musical que teve seu apogeu no final dos anos 1950 e início dos 1960 e foi perdendo o ímpeto estético com a partida de seus maiores expoentes (Tom Jobim e João Gilberto) para os EUA. O período heroico do tropicalismo, por sua vez, transcorreu nos últimos anos da década de 1960 e foi se desfazendo como intervenção social também com a partida (o exílio, neste caso) para a Inglaterra de alguns de seus principais promotores (Caetano Veloso e Gilberto Gil), isso sem contar o "enterro" simbólico do movimento praticado por seus próprios representantes ao cabo de mais ou menos dois anos de sua implantação. Se o período explosivo de ambos os movimentos foi relativamente breve, o poder de influência de suas principais características sobre toda a produção brasileira posterior parece perene.

De fato, o gesto de recolhimento e depuração da bossa nova e o gesto de expansão e assimilação do tropicalismo tornaram-se seiva que realimenta a linguagem da canção popular toda vez que esta claudica por excesso ou por espírito de exclusão.

Há excesso quando a canção "diz", mas não convence, em geral por ignorar o princípio entoativo. O gênero se sobrepõe à particularidade da composição de tal modo que já nos acordes introdutórios ou na "levada" instrumental temos todos os elementos – de melodia e de letra – que deverão comparecer ao longo da canção, como se esta tivesse de obedecer a uma conduta preestabelecida. Na faixa passional, já mencionamos exemplos históricos significativos: boa parte dos sambas-canções do decênio de 1950 e do canto sertanejo dos anos 1990. Na série temática, a hegemonia do rock na década de 1980, ou posteriormente da música axé, trouxe casos inequívocos de exacerbação estilística. O mesmo poderia suceder com o

86

O SÉCULO XX EM FOCO

rap – expressão radical da forma enunciativa de compor – se, por ventura, se tornasse a bola da vez na mídia televisiva e radiofônica. O repertório excessivo passa a não mais convencer porque as soluções melódicas surgem mais comprometidas com o gênero do que com a letra. São concebidas para "fazer sentimento" no caso passional ou para fazer dançar no caso temático, sem traduzir uma forma singular de dizer o conteúdo linguístico. Desse modo, as canções deixam de ser especiais e se contentam com uma audição em bloco. Não havendo nuanças entoativas, a atenção se dispersa e se embala no que poderíamos chamar de efeito *muzak*. Só uma atitude bossa-nova pode recuperar a raiz oral perdida nos meandros do gênero.

Por isso, a bossa nova está impregnada na atividade de cada compositor ou intérprete popular e se manifesta geralmente em seus momentos de revisão crítica do próprio trabalho; está em cada novo disco de João Gilberto, não por ser a figura maior da fase heroica do movimento, mas por revigorar, apenas com voz e violão, cada sílaba, cada palavra e cada entoação das composições que incorpora ao repertório; está em propostas arrojadas de reinterpretação que remanejam canções de uma determinada faixa de audição para outra mais refinada (Caetano Veloso interpretando *Asa Branca*, *Sonhos* ou *Sozinho*; Maria Bethânia interpretando *É o Amor*, Jorge Ben Jor interpretando *Pois É* etc.); está, até mesmo, em grandes iniciativas empresariais como os já mencionados projetos acústicos e as reedições dos célebres festivais da música popular brasileira que têm a função essencial de estabelecer, vez por outra, uma triagem nas produções do mercado musical.

Há espírito de exclusão no mundo da música popular quando algumas modalidades cancionais – de ordem passional, temática ou

O SÉCULO DA CANÇÃO

enunciativa – são segregadas e, em certa medida, estigmatizadas pelas formas hegemônicas no mercado ou pelas formas de maior prestígio no âmbito da elite popular. Esse processo de exclusão atinge igualmente os gêneros de sucesso (tradicionais ou da moda) e as chamadas produções alternativas. No caso destas, é fácil entender. O mercado chega a um tipo de música correspondente a um padrão de vendas e sonega espaço e oportunidades para o ingresso de outros modos de "fazer música". Só quando o modelo exaure, surgem as formas substitutivas que devem reproduzir mais uma vez o êxito já conquistado. Essa atividade bloqueia uma gama expressiva de conteúdos sociais e psíquicos que, a partir de um certo ponto, começam a despontar aqui e ali, em pequenos eventos, como expressão de uma espécie de guerrilha musical. Nessa linha, assistimos às intervenções experimentais de músicos paulistas no início dos anos 1980, à emergência do rock nacional durante a mesma década, ao movimento mangue-beat nos anos 1990, juntamente com as explosões criativas de Carlinhos Brown, Arnaldo Antunes, Lenine e Chico César entre outros.

Mas há também a estigmatização dos gêneros de sucesso pelo fato de fazerem... sucesso. Tom Jobim já havia denunciado essa prática na fase derradeira de sua vida. Como a reprodução em série exige uma dose considerável de padronização, as canções preparadas para o consumo de massa chegam ao mercado com características bastante previsíveis, o que desagrada profundamente à elite popular. Ofuscados pelo brilho das cifras astronômicas, dos megaeventos e da cumplicidade do povo desprevenido, os representantes dessa elite não conseguem enxergar aspectos positivos nesses empreendimentos vultuosos que tomam de assalto os principais meios de comunicação.

Ora, o gesto tropicalista não admite esse tipo de exclusão. Assim como parte da população precisa dos conteúdos veiculados pelas produções diferenciadas e de menor alcance em termos de consumo, outra parte (quantitativamente bem maior) necessita visceralmente dos "excessos" eufóricos ou românticos divulgados no grande mercado musical. E não se trata apenas de fabricação de gosto. Dos incontáveis empreendimentos associados a grupos e artistas, somente alguns vingam por encontrar respaldo no anseio popular. Segundo o tropicalismo, precisamos de todas as dicções – comerciais ou não-comerciais – para que a linguagem funcione em sua plenitude. Caetano Veloso e Gilberto Gil, representantes incontestáveis da canção "de qualidade", jamais deixaram de flertar com a música comercial e, de quando em quando, promovem um rico intercâmbio entre as diferentes faixas de consumo.

Em suma, tropicalismo e bossa nova tornaram-se a régua e o compasso da canção brasileira. Por isso, são invocados toda vez que se pede uma avaliação do século cancional do país. É como se o tropicalismo afirmasse: precisamos de todos os *modos de dizer*; e a bossa nova completasse: e precisamos dizer convincentemente. Em época de exclusão, prevalece o gesto tropicalista no sentido de retomar a pluralidade. Em época de excesso de maneirismos estilísticos e de abandono do princípio entoativo, o gesto bossa-nova refaz a triagem e decanta o canto pertinente. Ambos os gestos atuam na própria mente dos compositores e cantores impelindo-os, ao mesmo tempo, para a diversidade e para o apuro técnico e estético. É provável que ainda sobrevivam no decorrer do século XXI, como componentes críticos inerentes ao próprio ofício de composição, arranjo e interpretação de música popular e como responsáveis pelo eterno trânsito do cancionista entre o gosto de depuração e o desejo de assimilação.

A Triagem e a Mistura

Estudar a cultura brasileira equivale a considerar inevitavelmente os seus processos de *mistura* que jamais se restringem ao campo étnico. Dos sincretismos religiosos à mixórdia televisiva do final do século xx, a tendência brasileira à *assimilação* foi sempre uma constatação tão presente nos trabalhos antropológicos, sociológicos e históricos desenvolvidos no país que passou a integrar o repertório geral dos chamados "formadores de opinião" e a frequentar diariamente os meios de comunicação.

A mistura é na verdade um fenômeno universal que adquire especial notoriedade no Brasil provavelmente pelo tratamento euforizante que sempre lhe foi dispensado a partir de Gilberto Freire. A assimilação é avaliada, na maioria das vezes, como um caso de *enriquecimento* cultural, no sentido de inclusão de valores considerados positivos, embora isso esteja longe de representar uma desobstrução plena das fronteiras raciais socioeconômicas ou mesmo dos limites que separam arte popular e arte de elite. Em muitas ocasiões, aliás, os valores assimilados são considerados

O SÉCULO DA CANÇÃO

prejudiciais à cultura, provocando o sentimento de *profanação* das crenças e dos costumes do grupo: as manifestações de preconceito ou de chauvinismo confirmam esses casos. Mas de todo modo o fato de a noção de enriquecimento prevalecer sobre a de profanação já é suficiente para que a mistura receba aqui uma atenção especial dos nossos pensadores, criadores e divulgadores.

A hegemonia da mistura constitui também, como não poderia deixar de ser, uma característica do mundo simbólico brasileiro – tanto artístico como teórico – amplamente enaltecida pelos agentes culturais. No campo musical, por exemplo, a forma híbrida da canção popular, que agrega necessariamente melodia, letra e arranjo instrumental, roubou a cena sonora da nação desde os primeiros anos do século xx e veio assimilando as mais distintas influências até chegar ao produto atual, fortemente compatibilizado com o mercado de consumo, constituído ao mesmo tempo de som e imagem. Pode-se dizer que a mistura foi se processando espontaneamente e que a assimilação dos valores musicais e ideológicos foi encarada, salvo em raras oportunidades[1], como enriquecimento.

Ocorre que ao lado do processo de assimilação, próprio da mistura, nem sempre os analistas consideram a noção oposta – e complementar – de *extração*, própria do processo de *triagem*[2],

1. Claro que sempre houve tendências no universo musical brasileiro detectando profanações. A obra crítica do jornalista José Ramos Tinhorão – que não se confunde com seu interessante trabalho de pesquisador da música popular brasileira – deixa entender que a partir do período bossa-nova, incluindo a produção de Tom Jobim, Carlos Lyra e seus demais representantes, só assistimos à profanação da autêntica criação nacional. Jamais, porém, essas tendências impediram o progresso incessante da linguagem da canção no Brasil.

2. Os conceitos de mistura e triagem vêm sendo tratados pela semiótica contemporânea. As noções aqui adotadas foram elaboradas por Claude Zilberberg no artigo "As Condições Semióticas da Mestiçagem", em E. P. Cañizal e K. E. Caetano, *O Olhar à Deriva: Mídia, Significação e Cultura*, São Paulo, AnnaBlume, 2004, pp. 11-44.

A TRIAGEM E A MISTURA

que, ao contrário da assimilação, contínua e gradativa, tem caráter de intervenção cultural e, portanto, de demarcação histórica. Embora a triagem também se imponha paulatinamente, seus agentes e suas causas imediatas são mais definidos e denotam que há consciência na intervenção. A extração se manifesta por uma operação simultânea de *eliminação* e *seleção* de valores, considerados respectivamente como indesejáveis e desejáveis, de acordo com a visão de mundo de um grupo social num período histórico determinado.

Já nos servimos da triagem e da mistura no capítulo anterior para a compreensão das atuações extensas da bossa nova e do tropicalismo respectivamente na condução das tendências cancionais da segunda metade do século passado. Entretanto, esses conceitos transcendem a influência dos dois principais movimentos e podem oferecer critérios gerais para uma breve leitura de como a nossa canção foi sendo esculpida nos cem anos aqui considerados.

Primeira Triagem

A primeira triagem, que pôs em marcha a configuração de um gênero musical próprio para o consumo popular e para a produção em série, foi realizada bem na virada dos Novecentos ao século xx, quando da chegada dos primeiros aparelhos de gravação ao país. Deu-se então uma triagem de ordem *técnica* que deixou de fora toda a sonoridade refratária aos novos recursos. Os gêneros associados à dança (como a congada, ou mesmo o lundu em sua versão antiga, próxima à umbigada e ao fandango), aos ritos religiosos (como o batuque), às procissões, aos desfiles ou à luta (como a capoeira) pouco tinham a oferecer à nova técnica uma vez que sua sonoridade dependia diretamente da expressão do corpo e da elaboração cênica.

O SÉCULO DA CANÇÃO

A batucada, versão menos religiosa e mais lúdica do velho batuque, apresentava um volume percussivo muito além da capacidade de captação das precárias máquinas que só haviam sido testadas em registro de vozes.

A ideia de gravar música erudita brasileira, que a esta altura já ostentava as criações de Carlos Gomes e flertava com o nacionalismo de Alberto Nepomuceno, sempre esteve fora de cogitação: nem os processos mecânicos estavam aptos a comportar tamanha complexidade sonora, nem os músicos viam necessidade de registro rudimentar de obras que já estavam suficientemente consignadas em partituras. O mesmo se pode dizer da música popular instrumental que se filiava à tradição da música escrita: um chorinho de Ernesto Nazareth, por exemplo, passaria ao largo de toda e qualquer experiência fonomecânica em sua fase de implantação.

O sistema de gravação, que já tinha demonstrado alguma eficácia no registro de vozes de expoentes da última geração da monarquia brasileira e do primeiro grupo de republicanos que assumiu o poder em 1889, deveria então ingressar no domínio musical pela modalidade de expressão mais comprometida com o bom desempenho vocal. Descobriu-se, assim, o embrião daquilo que, mais tarde, seria a canção brasileira de consumo: o samba em sua forma de partido-alto. Na verdade, não foi tão fácil descobri-lo pois suas execuções em áreas públicas eram vetadas pelas autoridades do Rio de Janeiro daquele fim de século. Somente as casas das *tias*[3] davam abrigo aos improvisadores de versos, aos violonistas e ritmistas que, quase sempre desempregados, passavam

---

3. Chamavam de *tias* as baianas que, na passagem do século XIX ao XX, fixaram residência no Rio de Janeiro e mantiveram vivos os costumes culturais dos negros de Salvador. Eram sacerdotisas de cultos aos orixás mas também exímias festeiras,

A TRIAGEM E A MISTURA

o tempo inventando refrãos e desenvolvendo seus dotes musicais espontâneos. Foi nos fundos dessas casas que os pioneiros do gramofone encontraram esses "artistas" em potencial, lapidando, sem o saber, a sonoridade ideal para o tipo de gravação que buscavam: centralidade na melodia e letra emitidas pela voz e participação cuidadosamente controlada, em termos de volume, ritmo e densidade timbrística, de instrumentos de corda (violão, bandolim e cavaquinho) e de percussão.

Esses músicos espontâneos, de sua parte, viviam um impasse até então insolúvel. Criavam melodias e letras que serviam para as brincadeiras noturnas do período, mas logo as esqueciam na sequência das composições do período seguinte. As pequenas obras tinham o mesmo destino da linguagem oral de todos os dias, ou seja, desapareciam assim que cumpriam sua missão. O sonho de todo improvisador era ter sua produção registrada de alguma maneira, pois, só muito raramente, algum maestro se dispunha a escrevê-la em partitura. Pode-se dizer, enfim, que nesse instante "juntou a fome com a vontade de comer": os empresários precisavam testar seus aparelhos com uma forma musical adequada e os artistas desejavam registrar suas criações... e evidentemente ganhar "um dinheirinho".

Portanto, a eliminação da sonoridade inadequada para o precário sistema de gravação recém-chegado e a seleção do samba partido-alto como "piloto de prova" desses registros pioneiros definiram a primeira triagem que contribuiu para a conformação da canção popular com as características hoje conhecidas.

sambistas, passistas, improvisadoras e excelentes cozinheiras que abriam suas portas aos conterrâneos que, como elas, tentavam a sorte na então capital brasileira. A personalidade mais conhecida dessa época foi Tia Ciata, de quem já falamos no primeiro capítulo.

O SÉCULO DA CANÇÃO

Segunda Triagem

Aprovada a experiência com o partido-alto, o samba ou o maxixe – cujo acompanhamento instrumental respeitava a prerrogativa do canto – e aprimorada a técnica de gravação, outros gêneros populares passaram a ser registrados, desde os provenientes do meio rural e folclórico até os estilos caudatários da produção culta, os chamados semieruditos. Surgiram então as canções pseudossertanejas de Catulo da Paixão Cearense, os versos empolados de Cândido das Neves, os grupos regionais como os Turunas da Mauriceia e mesmo as canções que, embora mantivessem o samba urbano na forma das primeiras gravações, desdobravam-se, agora, em três ou quatro partes com ritmos distintos, mais sintonizadas com a instabilidade das brincadeiras de roda do que com as soluções bem-definidas das canções de consumo (*Pelo Telefone* é um exemplo conhecido desse tipo de música). Era a mistura que naturalmente se impunha para incorporar as manifestações musicais populares que haviam sido eliminadas da triagem básica inicial.

Do cerne dessas experiências, porém, emergiu um compositor de maxixes e de sambas que empolgou não só o público carioca, mas sobretudo a área comercial das gravadoras. O nosso já citado Sinhô talvez tenha sido o primeiro cancionista que compôs com o objetivo explícito de fazer sucesso. Tocava ao vivo nas festas da Penha ou nas lojas de instrumentos musicais para conferir, pela reação dos ouvintes, se suas canções cumpriam com eficácia a meta prevista. Como era habilidoso com seu piano e inspirado para criar melodias (não se pode dizer o mesmo de sua produção de versos), Sinhô, na busca obstinada do êxito pessoal, acabou forjando a forma ideal de uma canção brasileira de consumo. Sua trajetória artística deu o tom e o padrão musical dos anos 1920 e influenciou decisivamente os cancionistas – em particular, Noel Rosa – que protagonizariam a era de ouro do samba na década seguinte.

Na realidade, Sinhô foi também um dos primeiros artistas a responder às exigências do mercado cultural para o qual convergiam as atividades populares e os interesses dos agentes de comunicação que entrariam em cena logo a seguir. De fato, dois eventos marcantes ajudaram a configurar a função utilitária que definiria a canção dos anos 1930: a institucionalização do *carnaval* como a maior festa popular do ano e a consolidação do *rádio* como primeiro veículo de comunicação de massa. A partir de então, cabia aos compositores abastecer com suas canções boa parte do tempo de emissão das rádios, além de aumentar significativamente a produção no período que antecedia ao carnaval.

Essa segunda triagem delineou de uma vez por todas a linguagem da canção popular brasileira. Adotando o mapa musical já consagrado por Sinhô e outros, que previa sempre um refrão como primeira parte e uma variação melódica (sobre a qual se dispunham as diferentes estrofes da canção) como segunda, os compositores desenvolveram então as principais formas de compatibilidade entre melodia e letra.

Para o carnaval, eram propostas as já comentadas "canções de encontro", com melodia contendo termos recorrentes, centrada no refrão e com letra celebrando a união do enunciador ou dos personagens com seus objetos e seus valores. A compatibilidade era então assegurada – como ainda o é até hoje – pelo fator *identidade*, que faz com que um tema melódico se integre a seu semelhante e represente, assim, as mesmas interações que, na letra, aproximam sujeito de objeto (por apropriação) ou de outro sujeito (por acordo). A alegria provocada pelas marchinhas e pelos sambas carnavalescos provém em geral desse duplo encontro confirmado em ambas as faces da canção.

O SÉCULO DA CANÇÃO

Para o resto do ano, além das canções de encontro eram criadas as "canções de desencontro", também conhecidas como música de "meio de ano". Embora muitas vezes conservassem o mapa da produção carnavalesca, essas canções não se concentravam especialmente nos refrãos. Com andamento mais lento e valorizando, portanto, a duração de cada nota, apresentavam temas melódicos até certo ponto diluídos que tendiam a se expandir em sucessivos desdobramentos cuja unidade só se constituía ao final do percurso. Como cada fragmento melódico era dependente do fragmento subsequente e, no limite, só se completava na conexão com todos os outros, podemos dizer que as canções de desencontro eram regidas pelo fator *alteridade*. Esse constante adiamento do encontro entre os temas refletia-se, na letra, como ausência do outro (sujeito ou objeto) que se projetava tanto ao passado (como "saudade") quanto ao futuro (como "esperança"). De todo modo, as tensões do sentimento de falta constituíam o conteúdo comum reforçado ao mesmo tempo pela melodia e pela letra[4].

Essa fase de triagem caracterizou-se por tentar abolir todos os sintomas de instabilidade que estavam associados à canção, a começar da desconfortante presença da fala cuja compatibilidade entre melodia (neste caso, a entoação) e letra, por ser própria da linguagem oral cotidiana, pouco dependia da atuação do compositor. Nesse ponto, o processo de eliminação não foi bem-sucedido pois a forma do canto falado explícito retorna com todo vigor nos gêneros que, como o samba de breque, traduziam situações de brincadeira ou de humor. Nessas obras, a reconstrução de fragmentos da fala

---

4. Desenvolveremos mais adiante (sexto capítulo) essas noções de *identidade* e *alteridade*, adaptáveis à descrição simultânea de melodia e letra das canções, quando da análise de *Garota de Ipanema*.

no interior da canção equivale à produção de *figuras* enunciativas ou referências que soam familiares aos ouvintes.

A seleção desses três modelos de compatibilidade entre melodia e letra definiu a linguagem da canção popular brasileira do século passado e tem servido de base às nossas considerações no decorrer deste trabalho. Isso significa que todas as obras produzidas no período possuem traços *temáticos* (1º modelo), *passionais* (2º modelo) e *figurativos* (3º modelo) e que esses traços comparecem de modo *dominante, recessivo* ou *residual*[5].

Terceira Triagem

Depois de um período de grande euforia com o encanto e a eficácia das canções que invadiram as emissoras de rádio da década de 1930, as marchinhas e os sambas carnavalescos começaram a perder terreno para as composições de meio de ano. Na década de 1940, a hegemonia dos conteúdos passionais manifestava-se sobretudo no gênero híbrido que ficou conhecido como samba-canção. Resultante de um rico processo de mistura com outros gêneros de sucesso da produção musical hispano-americana, particularmente o tango, a guarânia e o bolero, o samba-canção conquistou uma ala popular de consumidores que, *mutatis mutandis*, permanece fiel ao gênero até os dias atuais.

Embora tenha aprimorado consideravelmente o modo romântico de compor e deixado uma verdadeira coleção de clássicos da lavra de nomes como Antônio Maria, Lupicínio Rodrigues, Herivelto Martins ou Dolores Duran, o estilo samba-canção se sobrepôs

---

5. O termo "residual", na acepção empregada, foi introduzido por José Miguel Wisnik em seu trabalho "Cajuína Transcendental" (em Alfredo Bosi, *A Leitura de Poesia*, São Paulo, Ática, 1996, p. 202).

O SÉCULO DA CANÇÃO

de tal forma às demais dicções da canção brasileira que, na década de 1950, quase se converteu em padrão único de criação, não fossem as intervenções periódicas do baião de Luiz Gonzaga. De todo modo, o sucesso das canções passionais também desencadeou uma vertente de produções melodramáticas que acabou por desmotivar o consumo da classe média mais instruída e, em especial, dos estudantes que vinham se tornando uma das principais forças culturais das grandes metrópoles. Para esse ouvinte diferenciado e com bom poder aquisitivo, o samba-canção, identificado como música de "dor de cotovelo", veiculava uma "estética" do excesso que não contribuía para o refinamento do gosto. O excesso era antes de tudo semântico, na medida em que reinava um sentimentalismo desenfreado, quase sempre beirando à pieguice, mas não deixava de abarcar também a face musical da canção: as melodias se expandiam em contornos mirabolantes, enquanto o acompanhamento exibia soluções orquestrais dramáticas.

Nesse mesmo período, alguns músicos jovens mostravam-se especialmente sintonizados com a tendência do mundo ocidental pós-Segunda Guerra de se encantar com os progressos e as conquistas do povo norte-americano. O cinema de Hollywood era em si um convite irrecusável ao ingresso naquela cultura farta e promissora que concentrava nesses meios de entretenimento os mais atraentes símbolos de modernidade associados à tecnologia. O interesse pelos mestres do jazz e, sobretudo, pelo fenômeno pop Frank Sinatra, que arrebanhou uma legião de fãs em todo o mundo, tomou de assalto a juventude brasileira que, justamente, buscava uma alternativa mais refinada para desfazer a supremacia passional.

Mas os artistas que assimilaram a dicção norte-americana ou aqueles que aprenderam a improvisar como os jazzistas não foram os principais responsáveis pelo reencontro da força estética da

A TRIAGEM E A MISTURA

canção brasileira. Os artífices da terceira triagem, que combateram frontalmente os excessos musicais e semânticos e selecionaram os recursos essenciais para a criação de uma espécie de canção absoluta – e que constituem personagens centrais e recorrentes desta obra –, foram o compositor Tom Jobim e o intérprete João Gilberto. Examinaremos mais à frente suas particularidades de criação.

A bossa nova constituiu, assim, uma triagem de ordem *estética*, cujo gesto fundamental de eliminação dos excessos passou a ser constantemente reconvocado pelos agentes musicais toda vez que se faz necessário sanear alguma "exorbitância" no mundo da canção. Mesmo o improviso, tão caro ao jazz, é considerado uma complicação inútil incompatível com a precisão da bossa nova[6].

A Mistura

Como já destacamos nos capítulos anteriores, Tom Jobim e João Gilberto foram para os EUA por ocasião da famosa apresentação do movimento brasileiro no Carnegie Hall e lá permaneceram nos anos 1960 realizando o sonho de exportação da nossa música[7]. Os demais bossanovistas retornaram à pátria e logo em seguida foram atraídos pelos chamados da nova realidade que tomara conta do Brasil. Às vésperas do golpe militar de 1964 e em plena efervescência do movimento estudantil, os jovens músicos não podiam deixar de se solidarizar com seus recentes colegas de universidade nem deixar de acompanhar a luta geral dos também

---

6. Lorenzo Mammi apresenta esse tema com grande desenvoltura em seu artigo "João Gilberto e o Projeto Utópico da Bossa Nova", em *Novos Estudos CEBRAP*, n. 34, 1992.

7. O ápice de realização desse sonho foi a gravação do disco *Francis Albert Sinatra & Antônio Carlos Jobim* pela Reprise Records em 1967.

O SÉCULO DA CANÇÃO

colegas da área teatral, das artes plásticas e do Cinema Novo. Tudo clamava por um engajamento político que só se intensificou até a promulgação do AI 5, em 1968.

A primeira consequência da nova ordem se fez sentir nas letras das canções que foram gradativamente retomando o peso semântico, agora não mais no campo amoroso e sim na forma de posicionamento ideológico que compreendia a reabilitação dos valores regionais, a denúncia de injustiças sociais e o anúncio de uma revolução iminente e inevitável. Logo depois, as melodias também recuperaram as inflexões grandiloquentes de tempos passados para dar cobertura compatível à oratória engajada. O período de existência do programa *O Fino da Bossa*, comandado por Elis Regina, e a era dos festivais da música popular da TV Record de São Paulo marcaram a ascensão e queda da canção brasileira engajada. Da bossa nova inicial havia restado apenas uma pálida – e quão pálida! – lembrança da emissão de voz de João Gilberto no canto de um estreante que, depois de tentar a sorte imitando o intérprete baiano, encontrou sua própria dicção como líder do incipiente – e ingênuo – rock brasileiro, rebatizado de jovem guarda. De fato, como já destacamos, Roberto Carlos e o iê-iê-iê brasileiro sempre estiveram um pouco mais próximos de João Gilberto do que a turma que deixou a bossa nova para criar a sigla MPB. Pode-se dizer que desde então passou a existir no Brasil uma linha direta entre o seu canto mais refinado (João Gilberto) e sua voz mais popular (Roberto Carlos)[8].

O acirramento dos ânimos decorrente do progressivo endurecimento político imposto pelo regime militar e do crescimento do protesto de numerosas forças da sociedade civil e, em especial, do

8. Augusto de Campos já chamava a atenção para esse elo nos anos 1960 (cf. *O Balanço da Bossa e Outras Bossas*, p. 55).

A TRIAGEM E A MISTURA

movimento estudantil, provocou a radicalização de alguns artistas engajados que se viam como representantes brasileiros de uma militância político-musical que vinha tomando toda a América Latina. Nessas circunstâncias, irrompe a figura de Geraldo Vandré, compositor e intérprete vencedor de festivais e com prestígio no meio artístico, tentando promover o que poderíamos chamar de *hipertriagem*: fazer com que a música popular de interesse naquele momento histórico fosse unicamente a canção engajada, de preferência a de sua autoria e criação interpretativa[9].

Esse posicionamento de Geraldo Vandré forneceu munição extra aos baianos e atribuiu ao movimento tropicalista um sentido de urgência. Se a música de protesto era contra a ditadura militar, o tropicalismo manifestava-se em boa medida contra a música de protesto e o seu espírito de exclusão, o que não significava, muito pelo contrário, que os tropicalistas nutrissem qualquer simpatia pelos usurpadores do poder político. Essa configuração das tendências que atuavam na tela da TV Record no final da década de 1960 parece-nos essencial para se compreender a especificidade da intervenção tropicalista que promoveu a mais ampla assimilação de gêneros e estilos da história da música popular brasileira. Das atitudes consumistas (e "alienadas") da jovem guarda ou da anarquia manipulada pelo programa de auditório do Chacrinha até a expressão *kitsch* de Vicente Celestino ou as novidades do rock internacional, passando pelo flerte explícito com o mercado cultural e com os símbolos da contemporaneidade (história em quadrinhos, Coca-Cola, astronauta, sexo etc.), o tropicalismo deu a entender que a canção brasileira é formada por todas as dicções – nacionais ou estrangeiras, vulgares ou elitizadas, do passado

---

9. Traremos mais detalhes sobre isso logo à frente, p. 208.

O SÉCULO DA CANÇÃO

ou do momento – e não suportaria qualquer gesto de exclusão. E nas entrelinhas dessa mensagem vinha bem-definida a equivalência entre as ambições de hipertriagem da música engajada e os métodos de exclusão adotados pelos generais de plantão.

Por todas essas razões, pela primeira vez, a mistura não se processou naturalmente e seu surgimento abrupto surtiu efeitos de tratamento de choque sobre a MPB da época. E na assimilação desbragada tanto de valores culturais considerados positivos como dos terminantemente rejeitados pelos grupos de esquerda, a atuação tropicalista foi avaliada ora como portadora de enriquecimentos à música popular, ora como profanação de suas conquistas já sacramentadas. De todo modo, a partir de então, o gesto dos artistas baianos foi incorporado à história da canção como um dispositivo de mistura a ser acionado toda vez que ocorrer a ameaça de exclusão.

Assim, como já deixamos entender, passadas suas fases de intervenção, tropicalismo e bossa nova podem ser vistos como formas eficazes de mistura e triagem respectivamente que dão à canção popular brasileira um equilíbrio estético nem sempre presente em outras culturas musicais.

Quarta Triagem

O tropicalismo pôs à mostra os tênues limites que separam os diversos artesanatos cancionais. Compor canções de qualidade ou compor apenas para o consumo envolve operações muito semelhantes no que diz respeito à busca de compatibilidade entre melodia e letra. Nesse sentido, Chico Buarque compõe como Herbert Vianna que compõe como Milton Nascimento que compõe como Erasmo Carlos que compõe como Gilberto Gil, Rita Lee e assim

A TRIAGEM E A MISTURA

por diante. E para comprovar esse fato, Caetano Veloso inaugurou as já citadas reinterpretações que alteram o nível de apreensão de canções consagradas, propondo assim uma revisão das apreciações estereotipadas. Outros cantores também adotaram essa prática de tal maneira que a mistura foi plena nos anos 1970 e 1980, relativizando de uma vez por todas o conceito de música de qualidade.

Deve-se ainda ao tropicalismo a aceitação do rock nos anos 1980 como expressão da música brasileira. A visão estética do país havia mudado consideravelmente desde os tempos da jovem guarda. Enquanto o rock brasileiro dividia o espaço das principais rádios FM com a sempre onipresente música norte-americana (e esta foi a década em que reinou Michael Jackson), a atenção dos representantes das empresas multinacionais começou a se voltar para o impressionante sucesso local de alguns gêneros regionais que até então só haviam sido insuficientemente contemplados pela Continental, uma das últimas grandes gravadoras totalmente brasileiras. Paralelamente, a hegemonia de ambos os rocks, nacional e norte-americano, havia minado significativamente a força do canto passional nas emissoras de rádio, de modo que apenas algumas frequências em AM davam abrigo ao canto de Roberto Carlos e outros românticos da época. A necessidade de um reequilíbrio[10] das vertentes era flagrante.

A solução foi inesperada. Diante do excesso *temático* produzido pelo rock, as gravadoras vislumbraram a alternativa de apresentar um excesso *passional*, caracterizado como "música sertaneja", na esperança de compensar o período prolongado de ausência dos temas acentuadamente românticos. A fonte de inspiração era

---

10. É significativo o fato de que a população de ouvintes não tolerava por muito tempo a supremacia de uma única tendência musical. Sempre houve uma espécie de revezamento das forças temáticas e passionais reguladas pela atuação figurativa. Voltaremos a isso no sétimo capítulo.

105

O SÉCULO DA CANÇÃO

a tradicional música caipira, fartamente disseminada nos interiores de São Paulo, Minas Gerais e Goiás, interpretada em intervalos de terça por uma dupla de cantores ao som de uma viola de cinco cordas. Claro que esse acompanhamento típico foi imediatamente substituído por instrumentos e recursos modernos e os próprios artistas foram preparados para o circuito dos grandes astros de rádio e televisão. Mas o que importava era o aproveitamento das longas durações vocálicas e das amplas expansões melódicas no campo de tessitura que tornavam essas músicas plenamente afeitas aos temas passionais. O êxito foi maior do que o esperado e a prática inédita de promover nacionalmente gêneros de sucesso local foi então incorporada pelas empresas e aplicada a outros segmentos da canção.

Se as canções sertanejas já estavam cumprindo em parte as funções românticas dos antigos gêneros de meio de ano, faltava ainda reabilitar as funções temáticas das marchinhas carnavalescas numa época e num contexto em que o carnaval de rua – diferente dos carnavais de salão de outrora e do moderno carnaval de desfile de escolas de samba – se concentrava em algumas regiões do nordeste brasileiro (especialmente em Salvador e Recife). Nesse caso, a busca era um pouco mais fácil na medida em que o sucesso regional de alguns artistas e alguns grupos oriundos dos blocos de carnaval era notório. Coube às empresas apenas acreditar no potencial mais amplo daquelas canções já plenamente testadas em seus próprios ambientes. O formato dessas bandas e as performances para as quais seus artistas estavam treinados vinham ao encontro da nova realidade exigida pelos grandes meios de comunicação de massa, especialmente pela televisão. Vivíamos o período inicial da era dos videoclipes brasileiros e o auge dos espetáculos de imagem protagonizados por figuras como Michael

Jackson, Prince ou Madonna. O desafio era chegar a um gênero musical identificado com a cena brasileira, que produzisse um espetáculo televisivo – ao vivo, como no carnaval – com o mesmo poder de magnetismo exibido pelos cantores-dançarinos dos EUA. Se as soluções técnicas nunca foram – e nem poderiam ter sido – alcançadas pelos representantes brasileiros, a vibração musical e física de bandas como Gera Samba, Banda Eva ou de artistas como Daniela Mercury ultrapassou em muito as performances dos clipes. Apelidada de "música axé", essa sonoridade dividiu com a música sertaneja o espaço popular das mensagens respectivamente temáticas e passionais da década de 1990.

Entre elas, e alimentada por traços de ambas (recorrência melódica dançante e alongamentos vocálicos passionais), firmou-se o "pagode", gênero também fundado em raízes brasileiras e com maiores referências figurativas – ou proximidades com a fala – que os dois outros. O pagode se apresentou como um samba de divisão simples, próprio para ser cantado por todos em uníssono numa roda de entretenimento. O formato dos grupos de pagode já vinha sendo delineado desde a década de 1970, quando apareceram Os Originais do Samba, mas só se definiu plenamente, como uma terceira via de consumo possível – à maneira do samba de breque na "era de ouro" do rádio –, ao atuar nos anos 1990 ao lado das músicas sertaneja e axé.

Se as três primeiras triagens já traziam o mercado de disco como pano de fundo de seus processos de extração, esta última elegeu explicitamente o *consumo* como critério maior para a caracterização de seus modelos. Os verdadeiros sujeitos da quarta triagem foram os representantes das empresas (diretores, produtores, e homens de mídia) que respondiam pelo perfil artístico dos grupos e pelos acordos com os veículos de divulgação. Os artistas em sua maioria eram tratados como peças de uma engrenagem que

O SÉCULO DA CANÇÃO

poderiam ser substituídas a qualquer instante sem causar prejuízos significativos à carreira do grupo[11].

Esse trabalho de extração desconsiderou a opinião da elite popular que, de resto, continuou acompanhando a carreira de seus ídolos (Maria Bethânia, Chico Buarque, Gilberto Gil, Simone, Caetano Veloso etc.) e saboreando o surgimento de novos valores (Chico César, Lenine, Carlinhos Brown, Marisa Monte), todos com excelente índice em vendas de disco, mas não na proporção estabelecida pela triagem dos anos 1990. Esta passou a operar com cifras de sete algarismos e a contar com o crescimento assustador do número de consumidores de música num universo marcadamente popular.

Para selecionar os formatos ideais de uma canção que produzisse sentimentos passionais (como a sertaneja), ou que estimulasse a dança e alimentasse o espetáculo para a produção de imagens televisivas (como a axé e o pagode), enfim, que fosse apreciada "de longe", os agentes da quarta triagem tiveram que eliminar qualquer complexidade harmônica ou rítmica de seus produtos, bem como os sinais de elaboração menos linear do conteúdo das letras. Isso provocou na crítica especializada – geralmente representante da elite popular – uma indignação tão intensa que acabou lhe escapando a principal eliminação, esta sim histórica, desse projeto de triagem: a eliminação da música norte-americana comercial dos primeiros postos de consumo do mercado brasileiro de discos. Contrariando todas as previsões lançadas em décadas anteriores, nos anos 1990 as emissoras de rádio foram invadidas por músicas

---

11. Isso não significa que os artistas não fossem dotados de talento individual. Pelo contrário, boa parte das substituições decorreram justamente do reconhecimento das qualidades pessoais que conduziram o profissional a uma carreira solo (ex.: Ivete Sangalo, Carla Perez, Beto Jamaica).

A TRIAGEM E A MISTURA

cantadas em português e a televisão passou a programar seus musicais com base nos jogos de cena que caracterizavam os então novos grupos de axé e pagode.

Mas os críticos passaram a se manifestar como se essas músicas "simplificadas" estivessem usurpando o lugar da música brasileira "de qualidade" quando, na verdade, estavam se apropriando do lugar de outras músicas igualmente de consumo, em especial as norte-americanas[12], e isso teve uma expressiva ressonância em todas as demais faixas de penetração da canção nacional. O hábito com a sonoridade brasileira expandiu significativamente o mercado musical, abrindo espaço para uma heterogeneidade de gêneros e estilos jamais vista no país[13]. Ao invés do revezamento das dicções na linearidade do tempo, o mundo cancional abriu-se a uma concomitância de gêneros e estilos que deu aos anos 1990 uma identidade toda especial.

Vivemos, na fase derradeira do século XX, a salutar mistura não apenas de gêneros, mas sobretudo de faixas de consumo, o que pode ter sido o esboço de uma nova forma de presença e participação da canção popular na realidade cultural do país. Numa época em que noções como "movimento musical", "música jovem" ou "busca do novo" – e consequentemente as iniciativas que delas decorrem (concursos, festivais, encontros etc.) – não mais se sustentavam diante de um panorama repleto de singularidades artísticas que brotavam

12. A música popular de consumo dos EUA é, em geral, de boa qualidade e já influenciou positivamente a música brasileira em muitas oportunidades como, por exemplo, no período de hegemonia do rock nacional. O que estamos valorizando aqui é a "virada de mesa" da canção brasileira num campo – o comercial – que sempre pertenceu aos norte-americanos e as consequências positivas desse fato das quais voltaremos a falar no último capítulo.

13. Por outro lado, com as facilidades técnicas de gravação de um CD, o número de aspirantes ao mercado cresceu de tal forma que se tornou impossível dar vazão a tudo que surgia.

como pontos luminosos em todas as regiões brasileiras, a ordem era esperar um pouco mais, até que esses pontos se configurassem de fato como estrelas, agrupadas (ou não) em constelações, e pudéssemos, então, arriscar um novo arranjo para esse cenário ainda ofuscante. Ao cabo da última década, porém, apenas uma coisa era certa: nada como uma boa globalização para ativar as forças locais. As regiões, em suas diferentes escalas, vinham dando de goleada.

A Costura dos Cancionistas:
A Autoria

Da Poesia à Letra

A aliança dos músicos populares com o incipiente sistema de gravação que chegara junto com o século xx só se consolidaria plenamente ao final da década de 1920. Até então, os efeitos da primeira triagem – a realizada pelo advento do sistema de gravação – ainda se faziam sentir no pequeno e provinciano mundo musical do Rio de Janeiro e de outras capitais, ocasionando hesitações de conduta no âmbito dos compositores e intérpretes que ora se aproximavam do produto ideal para o registro, ora dele se distanciavam.

O século xix havia assistido à formação de compositores-instrumentistas que operavam na fronteira dos ritmos populares com a tradição erudita. Anacleto de Medeiros, Ernesto Nazareth, Chiquinha Gonzaga e o flautista Joaquim Antônio da Silva Calado são exemplos de autores com formação musical que, por desejo ou por necessidade, trocaram o repertório de música europeia por polcas, valsas, tangos, xótis, marchas e choros, gêneros que serviam

O SÉCULO DA CANÇÃO

para animar festas e, sobretudo, caracterizar personagens e situações dos teatros de revista. Outros artistas de mesma geração, como o ator Xisto Bahia, fizeram o percurso inverso, mas também se notabilizaram nas revistas. Nesse caso, sem qualquer instrução musical prévia, o artista partia diretamente do canto acompanhado ao violão, inspirava-se nas modinhas românticas ou nos lundus maliciosos e bem-humorados típicos do período e chegava ao sucesso de público com mais facilidade. Sentimentais ou engraçadas, essas canções já exibiam um modo natural de dizer a letra que facilmente se integrava às narrativas das peças de teatro. De um lado, a ausência de qualquer virtuosismo instrumental contribuía para a boa articulação dos versos; de outro, a perícia com a letra, muitas vezes fundada em motivos folclóricos ou modinheiros, e a utilização das entoações da fala garantiam a esses artistas a imediata adesão dos ouvintes.

Entre os pianistas que dominavam a escrita musical, alguns externavam sem titubear o seu pendor para a criação popular, enquanto outros, mesmo produzindo obras-primas nesse campo, relutavam em associar o próprio nome ao universo das polcas e tangos dançantes. No primeiro grupo está Chiquinha Gonzaga que logo percebeu os limites da música impressa e se entregou de corpo e alma ao teatro de variedades, o maior difusor de sucessos antes do aparecimento do rádio. No segundo, Ernesto Nazareth que se sentia plenamente capacitado para atuar na área erudita, mas via-se atrelado às encomendas de "pecinhas" brejeiras cuja imediata aceitação o mantinha profissionalmente.

A atração dos compositores desse período pelo teatro de revista tem razões que ultrapassam a mera divulgação do trabalho e a consequente recompensa financeira. Participar das peças e revistas musicais era integrar-se num roteiro que fornecia às composições uma direção narrativa altamente motivadora.

A COSTURA DOS CANCIONISTAS: A AUTORIA

Autores, como Chiquinha Gonzaga, plenamente identificados com conteúdos populares, não se contentavam apenas com os estímulos dançantes que seus ritmos proporcionavam. Queriam também dizer alguma coisa com as respectivas melodias. Entrar no enredo de uma peça já significava "dar sentido" a contornos melódicos que, desprovidos de versos, só deixavam escapar as intenções comunicativas. Muitas vezes, em função do tema da peça, os roteiristas (revistógrafos) encaixavam nessas melodias letras circunstanciais que nem sempre sobreviviam à temporada teatral. O famoso tango *Gaúcho*, de Chiquinha, estilização da dança "corta-jaca" própria do ambiente rural brasileiro, depois de fazer parte de *Zizinha Maxixe*, peça encenada em 1897 pelo ator Machado Careca, recebeu letra de Tito Martins e Bandeira de Gouveia para ser reaproveitado, agora em versão cantada, na peça luso-brasileira *Cá e Lá* de 1904. Embora tenha contribuído para aumentar o sucesso da composição, a letra compareceu poucas vezes nas execuções posteriores de *Gaúcho*.

O fato é que alguns compositores sentiam a importância dos versos para completar suas ideias rítmicas e melódicas, mas ainda não haviam concebido um modelo de letra compatível com a dinâmica musical já impregnada dos avanços técnicos e ideológicos da nova sociedade urbana. Para as músicas lentas, os autores pareciam conhecer apenas as soluções adotadas pelos modinheiros, não os tradicionais e geralmente desconhecidos artistas do século XVIII, mas os já imbuídos do espírito do romantismo que se manifestavam num linguajar empolado, muito próximo da forma escrita (ex.: "Ei-la de branco vestida / Qual bela estátua de neve..."). Para as músicas aceleradas, os temas regionais, os refrãos folclóricos e as formas coloquiais estereotipadas (ex.: "...Isto é bom, isto é bom / Isto é bom que dói"). As primeiras

O SÉCULO DA CANÇÃO

soluções deram origem às serestas do começo do século xx e as últimas, aos maxixes e sambas do mesmo período. Ambas, entretanto, já se mostravam insuficientes para acompanhar o progresso musical daqueles anos e para compensar a inconsistência textual também observada nas cançonetas francesas que faziam sucesso por aqui.

Essa procura de uma boa letra para completar a criação musical teve sua contrapartida no interesse de alguns literatos da geração romântica, como Gonçalves de Magalhães, Gonçalves Dias, Joaquim Manuel de Macedo e Manuel de Araújo Porto Alegre, em conceber versos que pudessem ser musicados não apenas por compositores de formação europeia, mas sobretudo pelos violonistas populares que facilmente adaptavam suas estrofes ao gosto do público[1]. Esses românticos já buscavam parceiros em meados do século xix, certos de que um texto interpretado com melodia e pulso por um cantador poderia atingir um nível de projeção bem além do esperado no meio literário. Infelizmente, essa precoce vocação para a atividade cancional restringiu-se a algumas experiências que, por diversas razões biográficas e de momento histórico, não puderam prosperar. Na transição ao século xx, encontramos uma pletora de músicos bem-qualificados para a composição e execução em público e uma considerável escassez de letristas, numa época em que a letra começava a ser percebida como parte indissociável da criação.

O maior produto e a maior expressão dessa escassez foi a figura onipresente de Catulo da Paixão Cearense, poeta, letrista (muito antes da plena caracterização dessa atividade) e tocador de violão, que espalhava seus versos por onde passava, firmando parcerias

---

1. Sobre isso, ver J. R. Tinhorão, *História Social da Música Popular Brasileira*, pp. 101-120.

A COSTURA DOS CANCIONISTAS: A AUTORIA

com músicos dos mais variados estilos, desde que pressentisse nas melodias algum componente fadado ao sucesso. Exímio produtor de metáforas à maneira da poesia escrita romântica, mas sem a contenção estética de seus maiores expoentes da época, Catulo não hesitava em criar versos mesmo (e especialmente) para as músicas muito bem-sucedidas em versão instrumental, como no caso da valsa *Terna Saudade* ou do tango *O Boêmio* de Anacleto de Medeiros que, depois da participação do poeta, receberam os títulos de *Por um Beijo* e *Os Boêmios*. A letra mudava o destino da música: descrevia os sentidos cifrados na melodia, aumentava o potencial de êxito popular da obra e, às vezes, quando se tratava de Catulo, até ofuscava o trabalho musical do compositor.

O Bastão de Xisto Bahia

O século XIX assistiria ainda a um outro tipo de aproximação de criadores do campo erudito com representantes da cultura popular no intuito de obter o formato "canção", que já prenunciava um alcance até então inusitado. O sucesso de Xisto Bahia nos teatros de revista, criando e reinterpretando modinhas que lembravam operetas europeias, acabou instigando intelectuais de classe média a encomendar ao violonista melodias que pudessem retirar seus textos escritos do anonimato. Além da segunda geração romântica já mencionada, consta que intelectuais de elite como o Visconde de Ouro Preto, o historiador Melo Moraes Filho ou o poeta Plínio de Lima, entusiasmados com o trabalho musical de Xisto Bahia em colaboração com o dramaturgo Artur Azevedo, puseram-se também a fazer modinhas que seriam apresentadas como serestas a um público maior.

O SÉCULO DA CANÇÃO

A ideia de musicar letras propostas como poesia romântica atravessou a fronteira do século, mas não manteve seu vigor por muito tempo. Os poetas eruditos foram desaparecendo ou retornando à produção escrita ainda ao longo do século XIX, não sem deixar o legado de suas soluções poéticas a alguns letristas, como Cândido das Neves e o já mencionado Catulo da Paixão Cearense, que tentavam manter, às vezes com versos de gosto duvidoso, o prestígio da modinha em suas novas canções seresteiras lançadas no alvorecer do século passado. Outro fato, a morte em 1894 do intérprete e compositor Xisto Bahia, o mais assíduo porta-voz dessa produção letrada, contribuiu para enfraquecer o projeto dos poemas musicados.

Mas a herança mais preciosa e longeva do artista baiano estava inscrita em seus lundus que ainda guardavam as características folclóricas das brincadeiras musicais do período oitocentista. A mistura das dicções de ator e intérprete na apresentação desses gêneros mais agitados e maliciosos produziam no público a impressão de estar diante de alguém que ao mesmo tempo falava e cantava, numa clara demonstração de naturalidade locutiva, recurso pouco presente nas execuções solenes das modinhas. Tudo indica que o próprio Xisto Bahia atribuía um valor artístico maior aos gêneros semieruditos cujos versos contemplavam o *modus faciendi* da literatura romântica, mas o sucesso das peças que contavam com sua participação decisiva dependia de uma alternância bem dosada desses sofridos apelos amorosos com os prazerosos ritmos dançantes dos lundus e cançonetas que satirizavam os costumes de época. Assim, enquanto sua modinha *Quis Debalde Varrer-te da Memória* – título que já assinala o registro poético abraçado pelo autor – destilava paixões irrefreáveis, o lundu *Isto É Bom* cativava o público pelo tom natural e irreverente de suas frases jocosas. Bem menos comprometido com a forma escrita e, portanto, mais adequado às experiências sonoras

A COSTURA DOS CANCIONISTAS: A AUTORIA

promovidas pelos introdutores da gravação no país, a protocanção *Isto É Bom* foi selecionada, em 1902, para integrar o primeiro registro musical brasileiro, na voz do popular Bahiano.

Representante da primeira leva de cantores – juntamente com Cadete, Nozinho, Mário Pinheiro, o palhaço Eduardo das Neves e poucos outros – da era fonográfica, Bahiano foi realmente um predestinado ao pioneirismo. Quinze anos depois da gravação que deu início à produção nacional no setor, o artista lançou também o primeiro registro de samba, o *Pelo Telefone*, assinado por Donga e, mais tarde, também pelo jornalista Mauro de Almeida. Tudo ocorre como se o cantor se encarregasse de conduzir o bastão entregue por Xisto Bahia às mãos dos inventores de estrofe, que se reuniam na famosa casa de Tia Ciata para cantar refrãos e improvisar novos versos. Bahiano era contratado da Casa Edison e sua voz vinha alinhavando, naqueles anos iniciais do século, os gêneros, as composições e as formações instrumentais mais adequadas às condições do fonógrafo.

O mais correto seria dizer que Bahiano "deixou" o bastão na casa de Tia Ciata para que alguém dele se apoderasse com o intuito de completar a missão apenas iniciada pelos pioneiros do disco. Na verdade, a própria missão não era explícita. Ninguém ali tinha consciência de que estava forjando o som ideal para a reprodução em série e para a difusão em massa, afinal, as próprias noções de "reprodução" e "difusão" estavam longe de pertencer ao vocabulário desses ritmistas, cavaquinistas, violonistas, pianeiros e versejadores. Tocar e cantar, mais que entretenimento, era um vício nem sempre praticado às claras. Donga, Caninha, Bucy Moreira, Heitor dos Prazeres, João da Baiana, Sinhô e tantos outros frequentavam os fundos da casa, onde se sentiam livres para as brincadeiras do partido-alto (refrão e improviso de estrofes) que, ainda longe de uma esfera de reconhecimento social, só se sobressaíam como

119

O SÉCULO DA CANÇÃO

atividade de desocupados. Alguns, como Pixinguinha, ligados ao choro e à música escrita, podiam transitar pelos outros cômodos da casa e até se exibir na sala de visitas. O requintado som de flauta do autor de *Carinhoso*, indispensável aos conjuntos de salão, de cinema e de teatro de revista, desfrutava de bom prestígio no meio profissional, o que salvava o instrumentista da triste condição de isca de polícia.

Mas é dos fundos da casa de Tia Ciata que surgiam os pretendentes mais capacitados para transportar o bastão de Xisto Bahia: eram tocadores e cantores intuitivos que faziam da instrumentação um elemento de apoio ao canto e à "fabricação" de versos e que faziam do refrão um porto seguro para variações melódicas. Não estavam habituados a fazer canções integrais. Iam juntando pedaços e acrescentando trechos inéditos até que a obra coletiva adquirisse feição de produto acabado. Todos eram autores, não propriamente de uma canção, mas de uma brincadeira que seria repetida nas noites seguintes e, com o tempo, poderia ficar retida na memória dos participantes. Era o máximo que se esperava dessas rodas noturnas nos primeiros anos do século.

A Questão da Autoria

A preocupação com autoria, nessa fase, estava restrita a músicos e poetas populares que flertavam com a arte culta. É o caso dos pianistas, como Ernesto Nazareh, que escreviam as próprias composições em partitura, e dos poetas-letristas, como Catulo da Paixão Cearense e Cândido das Neves, que propunham letras como quem cria poemas românticos. As brincadeiras da casa de Tia Ciata não pareciam ser nem música, nem poesia. Só funcionavam quando apresentadas no embalo, com melodia, letra, canto e acompanhamento rítmico, tudo concorrendo bem mais para a imediata sedução corporal e psíquica do ouvinte do que para lhe causar uma boa impressão estética. Daí a negligência desses pré-sambistas com a questão autoral.

Nos últimos anos do período marcado pela Primeira Guerra, a potencialidade do sistema fonográfico começava a chamar a atenção dos artistas que, com maior ou menor pretensão, trabalhavam com a sonoridade. O fato de Bahiano, assim como outros intérpretes de mesma procedência, ter sido quase instantaneamente "adotado" pelos fomentadores da gravação no país indicava que as novas máquinas dirigiam-se também a uma nova realidade, dentro da qual havia pouco interesse em se conservar os valores estéticos e ideológicos que abriram o novo século. O conhecido relato histórico do sucesso de Bahiano interpretando *Pelo Telefone* em 1917 e provocando uma intensa, e ainda inacabada, discussão sobre a autoria do primeiro samba, demonstra, na verdade, que nesse momento se consolidava uma consciência até então desvinculada da prática desses improvisadores. O mais rápido, e "esperto", foi Donga que correu à Biblioteca Nacional e registrou o famoso samba exclusivamente em seu nome. Mais tarde, Mauro de Almeida integrou-se à composição como parceiro, mas muitos outros, entre os quais Mestre Germano, João da Mata e a própria Tia Ciata, reivindicaram participação em alguma fase da dispersa criação. Todo esse alvoroço em torno de um produto, igual a tantos outros, oriundo das brincadeiras noturnas promovidas pelos descendentes dos escravos baianos que se instalaram na Cidade Nova do Rio de Janeiro, seria impensável alguns anos antes. O aceno da Casa Edison aos instrumentistas que não se julgavam músicos e aos versejadores que não se julgavam poetas abalou o modo de vida do grupo e até o coleguismo que reinava no meio boêmio.

O SÉCULO DA CANÇÃO

Dentro de uma atmosfera de verdadeira gincana, Donga, o primeiro a apoderar-se do bastão entregue por Bahiano, teve a coragem de registrar em seu nome um mosaico de soluções sonoras – bem mais próximo de um *pot-pourri* que de uma canção bem-estruturada –, com trechos de cantigas folclóricas, improvisos cômicos, exaltações e críticas de situação, para extrair algum rendimento da tal gravação que multiplicava imediatamente o número de ouvintes e de aficionados do novo gênero. Além de despertar o espírito competitivo de seus prováveis parceiros, o violonista abriria uma temporada de polêmicas que, embora deva ter sido indigesta a seus contendores, contribuiu de modo decisivo para a afirmação da linguagem cancional.

Canção como Recado

O compositor e pianeiro Sinhô, carioca da gema e talvez um pouco despeitado com o êxito de Donga e do grupo de origem baiana com *Pelo Telefone* – em cuja autoria, aliás, também reclamava participação –, compôs para o carnaval de 1918 o samba *Quem São Eles?* que parece ter servido simultaneamente a dois propósitos: homenagear o grupo homônimo filiado ao Clube dos Fenianos, onde assiduamente se apresentava, e fustigar o grupo da casa de Tia Ciata. Pelo menos assim foram interpretados os seus versos "A Bahia é boa terra / Ela lá e eu aqui", de tal maneira que mereceram respostas de Hilário Jovino Ferreira (*Não És Tão Falado Assim*), Donga (*Fica Calmo que Aparece*) e da dupla Pixinguinha e China que arrebataram o carnaval do ano seguinte com a descomedida *Já Te Digo*. Essas polêmicas, ingênuas e inconsequentes em si, tiveram o mérito de ressaltar um aspecto da canção pouco explícito nas serestas românticas, ancoradas na poesia escrita, ou mesmo nas cantigas folclorizadas, ancoradas em

A COSTURA DOS CANCIONISTAS: A AUTORIA

refrãos de conteúdo lúdico: a presença da fala. Até então, cantava-se para expressar sentimentos amorosos ou para provocar estímulos corporais. Agora, cantava-se também para mandar recados.

Claro que isso sempre esteve presente nas intenções profundas do canto que, em última análise, supõe a transmissão de "coisas ditas" de um indivíduo a outro. A novidade estava na adoção do recado como razão para uma composição, com todos os riscos que isso pudesse acarretar. Típico das contingências efêmeras do discurso oral, o recado mostra-se, em princípio, refratário ao tratamento estético. Tende a desaparecer logo após sua transmissão já que não há motivo para se conservar uma sonoridade com caráter apenas utilitário. A instabilidade e imprecisão das entoações de nossa fala cotidiana indicam, entre outras coisas, que elas não foram criadas para resistir ao tempo, a menos que sejam transformadas em algum projeto melódico digno de preservação. Trata-se justamente do que ocorre com as canções: suas melodias são inspiradas nos contornos da fala, mas acabam adquirindo um "sentido musical" – ou seja, uma direção estabilizada por leis de condução – que, este sim, merece ser perenizado.

O esforço de elevar o recado à condição de obra atraente e bem-acabada exigiu desses primeiros cancionistas o desenvolvimento de uma técnica especial que mantinha poucas semelhanças com a praticada pelos músicos ou pelos poetas românticos[2]. Até Pixinguinha, compositor-instrumentista bastante afinado com a linguagem musical, teve de se adestrar nessa prática eminentemente cancional para fazer frente aos desafios de seus colegas. Antes dessa fase de polêmicas, o grande flautista não hesitava em

---

2. Oriundos de um ambiente bem popular, esses compositores dos anos 1910 e 1920 não tomaram conhecimento das experiências modernistas que lhes foram contemporâneas. Sua referência de poesia escrita era baseada na produção do século XIX e, naturalmente, nas assimilações desse período pelos modinheiros e seresteiros.

O SÉCULO DA CANÇÃO

selecionar versos da tradição escrita para finalizar suas canções. É conhecido o exemplo de *Rosa* ("Tu és / Divina e graciosa / Estátua majestosa..."), uma de suas primeiras composições gravadas, que, ao que tudo indica, recebeu letra de Cândido das Neves, um dos mais típicos herdeiros da poesia romântica.

Pixinguinha, na verdade, sempre esteve do "lado musical" da canção. Demonstrava interesse especial pelo instrumento – a flauta e, mais tarde, o sax –, pela formação de conjuntos ou pequenas orquestras, pelos ritmos e, sem dúvida, pela criação de melodias. Sempre vinculado a outros instrumentistas, o autor de *Rosa* começou sua carreira com o Grupo de Caxangá, apresentando um repertório basicamente nordestino, inspirado nos gêneros trazidos à Capital pelo violonista João Pernambuco e nas tendências regionais que permaneceriam em foco até o final dos anos 1920. Liderou os famosos Oito Batutas que, depois de considerável sucesso no Rio de Janeiro, levaram nossos maxixes, batuques, cateretês, lundus e toadas a Paris onde, além de repetir o êxito nacional, os músicos travaram contato com as jazz bands que, por sua vez, também iniciavam uma promissora trajetória de divulgação do gênero nascido na América do Norte. Pioneiro igualmente na captação das influências americanas, Pixinguinha voltou ao Brasil com novos instrumentos e novos recursos para desenvolver aqui uma sonoridade específica para a dança. Desse conhecimento das raízes musicais brasileiras, que marcou seu início na vida artística, e desse convívio com o jazz, cujos discos invadiam cada vez mais o mercado do país, nasceu o Pixinguinha-arranjador que iria inaugurar, nos anos 1930, um estilo paradigmático.

Mas o Pixinguinha-compositor nunca deixou de criar melodias mesmo que não se transformassem imediatamente em canção. São famosos os casos de *Carinhoso*, que esperou vinte anos

A COSTURA DOS CANCIONISTAS: A AUTORIA

para ganhar letra de João de Barro, e de *Lamento* que, só depois de trinta anos, recebeu versos de Vinicius de Moraes. Era como se as próprias melodias hesitassem entre permanecer como obras musicais ou converter-se em canções. Nesse sentido, representavam bem a atuação de seu autor no panorama sonoro da década de 1920: Pixinguinha cuidava do lado musical de seus trabalhos e necessitava de um parceiro toda vez que o incipiente universo da canção solicitava seus serviços. Mas os letristas que realmente procuravam se adequar ao formato próprio para a produção fonográfica – cujos agentes também estavam em busca da sonoridade ideal – eram raros e só surgiriam em grande escala um pouco depois, já no tempo de Noel Rosa.

Assim, ao cabo de contas, quando se trata de eleger o mais prolífero herdeiro do bastão de Xisto Bahia, conduzido desde a aurora do século por Bahiano e retido por algum tempo nas mãos de Donga e seus pares, é natural que venha à mente a figura talentosa e um tanto presumida de Sinhô. Só ele, afinal, dedicou-se exclusivamente a essa prática de unir melodia e letra sob pretexto de enviar recados, mas com o objetivo precípuo de alcançar o sucesso popular; para tanto, dispensava parceiros – pelo menos os declarados –, ao mesmo tempo que se aliava aos intérpretes de maior prestígio à época. Só ele, ainda, esmerou-se em demarcar com nitidez, e *avant la lettre*, o perfil do profissional de canção, aquele que luta para convencer o ouvinte de que a melodia e o arranjo instrumental elaborados para "dizer" uma determinada letra não poderiam ser outros. Nessa linha, abasteceu a década de 1920 com clássicos como *O Pé de Anjo, Jura, Gosto que Me Enrosco, Cansei, Ora, Vejam Só* que serviram de ponto de partida certeiro para a densa produção da década seguinte.

O SÉCULO DA CANÇÃO

O Casamento de Melodia e Letra

Numa época em que o rádio ainda não representava a força máxima de produção de sucessos, esses artistas contavam especialmente com a inserção de suas criações nos espetáculos do teatro de revista. Eram nesses que os grandes intérpretes, como Vicente Celestino, Araci Cortes e Francisco Alves, testavam as canções antes de gravá-las em disco, e isso atraía a atenção dos futuros grandes compositores – entre eles, Lamartine Babo e Ary Barroso – que viam nas peças de entretenimento um verdadeiro centro de irradiação de êxitos musicais. Numa análise retrospectiva desse período, não é difícil constatar que a cada novo espetáculo forjava-se a linguagem da canção que prevaleceria nas décadas seguintes. A infalível presença de Sinhô em quase todos esses eventos só ratifica essa ideia.

Há até mesmo um fato que descreve com perfeição o esforço dos compositores desse tempo em chegar a um produto estético – sempre mantendo o valor de consumo – mais refinado, que pudesse dar conta de conteúdos menos superficiais e menos restritos à prática de circulação dos recados. O pianista e compositor Henrique Vogeler havia criado uma linda melodia, plena de inflexões evolutivas (aquelas que pouco se repetem e adotam a expansão pela tessitura como recurso especial para dar impressão de que perfazem caminhos em busca de alguma coisa), para a qual imaginava uma letra igualmente matizada que transmitisse um conteúdo compatível. Havia urgência de terminar a obra pois Dulce de Almeida a interpretaria na peça de origem argentina intitulada *A Verdade ao Meio-Dia*. O teatrólogo Cândido Costa incumbiu-se da tarefa, a música foi apresentada, mas Vogeler não gostou do resultado, como se intuísse, mesmo não sendo letrista, que sua proposta melódica exigia um texto que traduzisse de forma mais envolvida suas nuanças melódicas. Aquela primeira versão de *Linda Flor* parecia-lhe fria e pouco convincente:

Linda flor
Tu não sabes, talvez,
Quanto é puro o amor
Que me inspira; não crês...
Nem
Sobre mim teu olhar,
Veio um dia pousar!...
E ainda aumentas a minha dor
Com cruel desdém!
Teu amor
Tu por fim me darás
E o grande fervor
Com que te amo verás
Sim
Teu escravo serei
E a teus pés cairei
Ao te ver, minha enfim
Felizes então, minha flor
Verás a extensão deste amor
Ditosos os dois, e unidos enfim
Teremos depois só venturas sem fim![3]

Na verdade, Cândido Costa havia lançado mão dos expedientes ainda em voga para os casos de melodias lentas: expressar a singularidade do sentimento amoroso com formas românticas que fugissem

3. Letra reproduzida em Roberto Ruiz, *Araci Cortes: Linda Flor*, Rio de Janeiro, Funarte, 1984, p. 118.

O SÉCULO DA CANÇÃO

da banalidade da linguagem coloquial. Nada muito diferente da solução dos seresteiros do começo do século. Acontece que, a esta altura, às vésperas da era de ouro da canção de rádio, esses versos oriundos da poesia escrita começavam a produzir nos ouvintes um efeito de sentido contrário ao desejado pelos autores. As formas cuja aparição era de todo improvável na comunicação do dia a dia, como "não crês", "ditosos os dois", as imagens de gosto duvidoso, como "Teu escravo serei / E a teus pés cairei", ou mesmo os lugares-comuns da expressão romântica, as facilidades rímicas de "flor" e "amor" combinadas com a saturação negligente de séries como "por fim", "enfim", "sem fim", tudo isso debilitava o ímpeto persuasivo da canção, já que era difícil para o ouvinte conceber que uma letra dessa natureza pudesse ser conduzida pela melodia correspondente. A entoação subjacente não podia ser reconhecida e, consequentemente, a melodia tornava-se sem sentido. Em outras palavras, a presença, embora subentendida, da linguagem coloquial por trás da canção apresentava-se agora como fator de credibilidade na comunicação.

Interessante observar que, num primeiro momento, Henrique Vogeler atribuiu a pouca repercussão de sua melodia a dificuldades de ordem interpretativa. Convocou, então, Vicente Celestino para a gravação da música pela Odeon e, pela primeira vez, de acordo com os historiadores, imprime-se na etiqueta do disco a denominação "Samba-Canção Brasileiro" para caracterizar o novo gênero. O tom grandiloquente do cantor, porém, encobriu ainda mais as sinuosidades melódicas que o compositor queria expressar. Pois Vogeler ainda empreendeu nova tentativa de salvamento da melodia, demonstrando ter plena consciência de que a falta de êxito da obra não provinha do componente musical. Mudou a letra e o intérprete. O revistógrafo Freire Júnior refez os versos, com intenções explícitas de não mexer muito na versão anterior:

A COSTURA DOS CANCIONISTAS: A AUTORIA

Meiga flor
Não te lembras, talvez,
Das promessas de amor
Que te fiz, já não crês...[4]

E Francisco Alves chegou a uma execução digna da melodia. Mesmo assim, o resultado não satisfez o exigente Henrique Vogeler. Agora, ciente de que o problema estava na letra, o compositor deu por encerrado o projeto até que um outro conhecido autor de revistas, Luís Peixoto, tomou a iniciativa de propor novos versos para que a canção fosse reabilitada em sua peça *Miss Brasil*. Finalmente, a composição que já recebera os nomes de *Linda Flor* e *Meiga Flor* era regravada por Araci Côrtes sob o título de *Iaiá*, desta feita com anuência total do pianista:

Ai ioiô
Eu nasci pra sofrer
Fui oiá prá você
Meus oinho fechô!
E
Quando os óio eu abri
Quis gritá, quis fugi
Mas você...
Eu não sei porque
Você me chamô
Ai, ioiô
Tenha pena de mim
Meu Sinhô do Bonfim
Pode inté se zangá
Se ele um dia soubé
Que você é que é

4. Cf. J. R. Tinhorão, *Pequena História da Música Popular*, Petrópolis, Vozes, 1975, p. 152.

O SÉCULO DA CANÇÃO

O ioiô de iaiá!
Chorei toda a noite e pensei
Nos beijos de amor que eu te dei
Ioiô meu benzinho do meu coração
Me leva prá casa me deixa mais não

Mas essa história peculiar não termina aí. Sabe-se que apesar do sucesso da versão de Araci Côrtes, essa canção passou para a história como *Ai, Ioiô* e não *Iaiá*. Como esse intervalo entre os dois títulos jamais foi explicado pelos historiadores, permitimo-nos ingressar nessa etapa mais analítica tecendo algumas considerações sobre o sentido geral da letra e, mais particularmente, sobre a personagem que a enuncia.

Consciente ou não das possibilidades de leitura de sua letra ao atribuir à canção o título de *Iaiá*, o autor estava contemplando a interpretação menos provável de sua própria obra[5]: a que considera que quem canta é iaiá. A força de persuasão desta leitura vem muito mais da melodia do que da letra. As inflexões do canto são tão acentuadas e sensíveis que só poderiam estar sendo emitidas pela companheira simétrica de ioiô, ou seja, iaiá. Neste caso, a cantora-personagem estaria se referindo a si própria em terceira pessoa nos versos: "Meu Sinhô do Bonfim / Pode inté se zangá / Se ele um dia soubé / Que você é que é / O ioiô de iaiá!" A maioria das intérpretes desta composição, aliás, assume imediatamente o ponto de vista de iaiá, o que em nada compromete – muito pelo contrário – o necessário envolvimento emocional da cantora com as palavras do texto. O sentimento inequívoco de desejo de união amorosa permanece intato.

---

5. Saber se o responsável pelo título foi efetivamente Luís Peixoto não vem ao caso para os propósitos deste trabalho.

A última alteração de título (para *Ai Ioiô*), contudo, comprova que a leitura menos imediata – ainda que óbvia – e mais coerente é a que concebe iaiá como uma personagem totalmente secundária. Ioiô e iaiá são adaptações fonéticas típicas do falar dos escravos atribuídas às formas de tratamento "sinhô" e "sinhá". Nesse caso, quem se dirige ao sinhô é a mucama, esta sim incorporada pela cantora[6], que sofre ("Eu nasci pra sofrer") por não poder consolidar uma relação iniciada por obra do próprio ioiô ("Quando os óio eu abri / Quis gritá, quis fugi / Mas você... / Eu não sei porque / Você me chamô") e por cometer o pecado de se insinuar numa relação em todos os sentidos predestinada entre ioiô e iaiá – o que garante um sentido muito mais preciso ao trecho já destacado: "Meu Sinhô do Bonfim / Pode inté se zangá / Se ele um dia soubé / Que você é que é / O ioiô de iaiá!" Ora, nesse caso, iaiá representa apenas um impedimento natural e social à consumação dos anseios da enunciadora – completamente alheio ao vínculo amoroso tão enfatizado pela melodia –, a quem jamais poderia ser atribuída, a não ser por equívoco, a homenagem própria de um título.

O simples fato de o título *Iaiá* ter prevalecido por algum tempo já demonstra até que ponto os conteúdos configurados no componente melódico da canção, desde os primórdios desta linguagem, podem se sobrepor ao teor aparentemente mais preciso das formulações linguísticas. Tudo ocorre como se a transmissão dos aspectos emocionais da composição fosse suficiente e pudesse dispensar nuanças que só a letra é capaz de formular.

---

6. Cujo linguajar regional já denuncia parte de suas características como personagem.

Ai Ioiô

Mas deixemos de lado essas significativas imprecisões em relação ao título desse samba-canção e examinemos mais de perto as soluções apresentadas por Luís Peixoto para a melodia de Henrique Vogeler. Por que, afinal, essa letra conseguiu extrair com felicidade as nuanças de sentido inscritas no contorno melódico?

Como toda melodia que sugere um tratamento passional, esta também se pauta pelas expressivas durações vocálicas, que lhe impõem uma evolução lenta, pela expansão "vertical" num generoso campo de tessitura e pelos contornos governados por estágios do canto nas notas mais longas. Tudo isso conduzido pelas diretrizes básicas das entoações linguísticas que têm no movimento descendente associado à asseveração um núcleo figurativo (porque recria a inflexão da fala) de sentido, perante o qual as demais curvas se organizam.

O primeiro segmento proposto por Vogeler já traz, de maneira condensada, os três principais módulos que serão reproduzidos e desenvolvidos ao longo da obra:

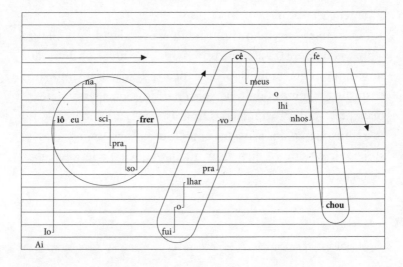

A COSTURA DOS CANCIONISTAS: A AUTORIA

1. Módulo de condução horizontal, cuja direção é determinada pelo alongamento das notas sobre as sílabas (assinaladas em negrito) "iô" e "frer". Como ambas reforçam a mesma altura, as demais ("na", "pra" e "so") provocam apenas um efeito de flutuação em torno do mesmo eixo. Essa pouca mobilidade melódica, em oposição às acentuadas oscilações verticais que vêm a seguir, favorece a expressão dos estados passivos que normalmente se encontram em alternância com as ações e transformações narrativas. No caso de *Ai Ioiô*, esse recurso melódico foi adotado para caracterizar uma espécie de sujeito-vítima que se vê atraído por outro sujeito e ao mesmo tempo impedido de responder a essa atração. Ao manter o tom, a voz produz um comportamento suspensivo que se adapta perfeitamente às contenções e hesitações próprias do personagem.

2. Módulo com força e direção ascendentes inequívocas em razão do alongamento da nota sobre a sílaba "cê". Sua alteração repentina da trajetória melódica, aliada às propriedades tensivas da entoação que se eleva, foi traduzida na letra como ímpeto manifestado em relação ao objeto, quer pela ação, quer pela reação emocional do sujeito enunciativo ("eu").

3. Módulo descendente com função de inverter a tendência anterior, sob o influxo determinante da asseveração categórica (segmento entoativo cuja terminação descendente é tão acentuada que desencoraja qualquer continuidade). A duração transferida para a sílaba "chou" altera significativamente o centro de gravidade da curva, tornando-a adequada aos conteúdos impeditivos mobilizados pelo letrista. Assim, todas as interdições de ordem social ou emocional se inscrevem, nesta canção, nas asseverações categóricas. Isso

não significa – jamais – que o segmento melódico deva estar sincronizado com o trecho linguístico no qual se concentra o conteúdo correspondente.

Entretanto, por uma feliz coincidência ou, o que é mais provável, por um providencial achado do letrista, nessa etapa de apresentação condensada dos elementos que serão reaproveitados à frente, a sincronização entre os versos e os contornos melódicos é mantida na íntegra: (a) o estado passional do sujeito ("Eu nasci pra sofrer") conjuminado à melodia suspensiva, (b) o gesto impulsivo em direção ao objeto ("Fui olhar pra você") integrado à força ascendente da linha melódica e (c) a consciência dos limites ("Meus olhinhos fechou") associada à finalização típica da descendência. De posse dessas compatibilidades iniciais, não é difícil compreender seus desdobramentos:

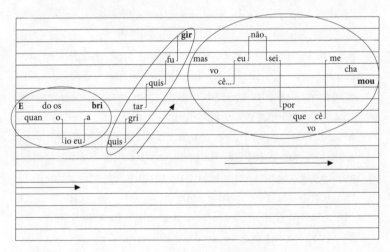

Os dois primeiros segmentos repetem, numa região mais aguda, os módulos suspensivo e ascendente da figura anterior enquanto o terceiro, em consonância figurativa com a letra,

A COSTURA DOS CANCIONISTAS: A AUTORIA

troca a descendência das interdições por uma apresentação mais expandida da suspensão. Embora não tenhamos as duas durações nas extremidades da frase – como, por exemplo, no segmento inicial desta canção – que nos permitiriam enxergar melhor o eixo horizontal da suspensão, a presença da sílaba alongada ("mou"), responsável pela orientação da curva, no final do segmento, demarcando um ponto central equidistante do seu ponto mais agudo ("não") e do seu mais grave ("vo"), já garante uma sonoridade suspensiva. Mas além disso o letrista soube valorizar a homologia melódica entre, de um lado, as sílabas "mas-vo-cê..." e, de outro, as sílabas "me-cha-mou". Mesmo que a melodia não "estacione" em "cê...", a letra o faz com uma hesitação muito peculiar à linguagem coloquial: "Mas você... eu não sei porque você me chamou". Cabe às intérpretes desta canção acolher (ou não) a sugestão de Luís Peixoto e alongar delicadamente a frequência sobre "cê...", o que certamente valorizaria a tendência horizontal de todo o segmento.

Nos segmentos iniciais, o ímpeto de ação do sujeito ("Fui olhar pra você") é interceptado por uma descendência terminante que a letra traduz com toda aw fidelidade ("Meus olhinhos fechou"). Agora, ao mesmo ímpeto descrito como reação do sujeito ("Quis gritar quis fugir") segue uma suspensão melódica que o letrista manifesta como perplexidade da personagem, tanto na maneira hesitante de dizer ("Mas você...) quanto na desorientação diante dos fatos ("Eu não sei porque / Você me chamou").

O segmento posterior, que reaproveita as unidades melódicas do início da canção, apresenta, no entanto, uma inversão do fragmento final da curva: o que lá era descendência terminante transforma-se aqui em ascendência, que reforça as propriedades incisivas do segundo módulo ao manter em evidência o seu ponto culminante:

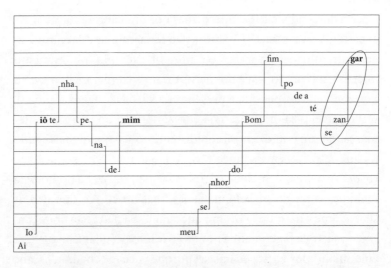

A expressiva duração da nota "gar" constitui, do ponto de vista musical, um trampolim para o salto ao nível mais elevado da tessitura, de onde partirão os movimentos descendentes que reapresentam em versão expandida o terceiro módulo comentado acima:

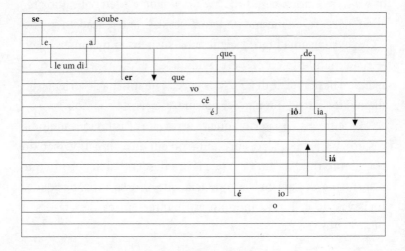

A COSTURA DOS CANCIONISTAS: A AUTORIA

Trata-se de um declínio melódico igualmente acentuado – o salto descendente da sílaba "que" à "é" corresponde rigorosamente ao intervalo do terceiro módulo, entre as sílabas "fe" e "chou" –, só que distribuído em três etapas, das quais a segunda perfaz o descenso principal e a última, uma espécie de coda para reforçar a asseveração. Note-se que a direção do contorno chega a inverter-se por um instante (em direção a "iô"), configurando uma retomada da elevação que nada mais representa a não ser um derradeiro impulso para o declínio cabal do segmento.

O letrista, então, aproveita a força ascendente do segundo módulo para introduzir um personagem transcendente "Meu Senhor do Bonfim" – perante o qual o sujeito demonstra estar consciente das interdições que circunscrevem seu campo de ação – que lhe permite desdobrar o impedimento lacônico expresso na asseveração categórica inicial (3° módulo) em explanação das razões desse impedimento. No fundo, é a mesma função melódica já apresentada em sua forma intensa que se reproduz na forma extensa. A letra apenas – o que não é pouco – acompanha a tendência, explicitando o que lhe é de direito.

Na segunda parte da canção, já contando com uma total assimilação dos três módulos melódicos, o letrista se vê em condições de romper a sincronização dos versos com a melodia e de sobrepor conteúdos que indicam proximidade entre sujeito e objeto a contornos identificados com limites ou interdições. Assim, enquanto a letra relembra os prazeres do encontro amoroso, a melodia perfaz, em duas etapas gradativas, o declínio próprio do estado disjuntivo:

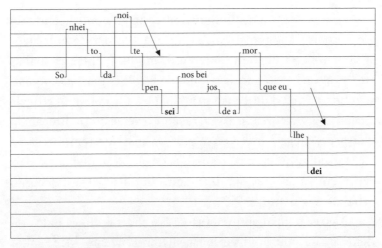

De fato, o encontro reportado tem um sabor de episódio transgressivo e, como tal, não pode deixar de fazer uso dos signos do impedimento para valorizar a união. Não há dúvida de que esse descenso melódico comporta também um sentido musical de conduzir o fluxo sonoro para um estágio na nota grave ("dei"), aumentando, assim, o rendimento das elevações subsequentes que promovem um desfecho em tom ascendente e impetuoso, à maneira do segundo módulo:

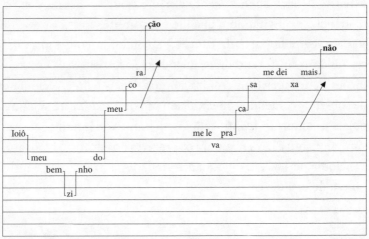

A COSTURA DOS CANCIONISTAS: A AUTORIA

Pois, nesse instante, o letrista soube recuperar a plena compatibilidade entre melodia e letra, revestindo esses módulos de conteúdos francamente afetivos ("Ioiô, meu benzinho / Do meu coração"), ainda que só pudessem se manifestar no âmbito do desejo ("Me leva prá casa / Me deixa mais não"). Faz prevalecer, em consonância com o autor da melodia, os impulsos em direção ao objeto.

A pequena variação conclusiva, composta especialmente para finalizar a repetição prevista para essa segunda parte, mantém as intenções melódicas ao não permitir que a terminação da frase infletisse desnecessariamente para o grave. Pode-se dizer, no máximo, que a leve descendência final provoca um efeito suspensivo:

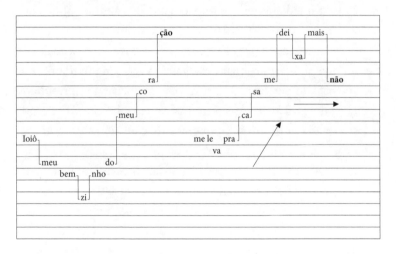

Não confundamos, entretanto, a breve análise que propusemos, com a atividade criativa dos autores desta canção. A composição, tanto da melodia como da letra, é totalmente espontânea e mesmo a avaliação que esses cancionistas fazem do próprio trabalho em nada se assemelha aos procedimentos aqui

O SÉCULO DA CANÇÃO

realizados. A habilidade de produção não depende das técnicas de descrição – e vice-versa. Mas ao menos um ponto comum salta aos olhos: ambas as práticas buscam a compatibilidade entre melodia e letra.

Verificamos aqui, com alguns instrumentos analíticos, o que nos faz sentir que esta letra integra-se perfeitamente à melodia, reproduzindo linguisticamente seus "gestos" sonoros. Um pouco antes, relatamos a significativa insatisfação do músico Henrique Vogeler com letras que lhe pareciam não exprimir os matizes melódicos propostos para a sua futura *Ai, Ioiô*. Ora, se, por um lado, as soluções da "poesia escrita" romântica já não convenciam os artistas do final da década de 1920, por outro, a possibilidade de conferir imediatamente o impacto das canções no público que lotava o teatro de revista tornava os compositores mais exigentes com relação à eficácia de suas obras. A história desta canção ilustra bem o que por certo se manifestava em várias frentes da produção musical do período. O esforço para se chegar a um resultado aceitável deixava à vista o anseio por obter uma compatibilidade mais refinada entre os componentes da canção, assim como as mencionadas confusões em torno do seu título (*Linda Flor, Meiga Flor, Iaiá, Ai, Ioiô*) não conseguiam disfarçar as dificuldades existentes tanto no trato como na compreensão de letras mais sutis.

Essa verdadeira luta para se atingir a canção ideal ultrapassa em muito a questão do pioneirismo deste samba-canção. O que estava em jogo não era a espécie, mas sim o gênero. Era a canção do século xx que estava se consolidando definitivamente para inaugurar a era de ouro do rádio consagrada no decênio de 1930.

Alinhavando a Canção:
O Samba-Samba

Os Cantores do Rádio

A busca de uma letra que traduzisse o espírito das inflexões melódicas em todos os seus matizes manifestou-se ainda em outros episódios desse período de ingresso nos anos 1930. Depois de ouvir os versos compostos pelo caricaturista J. Carlos para uma expressiva melodia de Ary Barroso, durante a encenação da revista *É do Outro Mundo*, Lamartine Babo ofereceu-se ao autor de *Aquarela do Brasil* para refazer a letra da canção que tinha como subtítulo "Na Grota Funda". Aqueles versos lhe soavam demasiadamente grosseiros para descrever a delicadeza e o lirismo das frases melódicas. Com a anuência de Ary Barroso, Lamartine escreveu a letra de *Rancho Fundo*, exercitando as manobras que alternam encontro e separação entre os personagens e atingindo uma adequação com a melodia ainda rara em 1931[1]. Há muitas histórias desse gênero que refletem

---

1. Cf. Suetônio S. Valença, *Tra-la-lá: Lamartine Babo*, 2ª ed., Rio de Janeiro, edição do autor, 1989, p. 64.

O SÉCULO DA CANÇÃO

a inquietação dos primeiros cancionistas em busca de um produto ideal, que atendesse à expectativa artística de seus autores e ao mesmo tempo se mostrasse talhado para o sucesso popular. Mas essa aspiração não caracterizava apenas a atividade dos letristas.

Os melodistas também estavam atrás de soluções musicais que pudessem se adequar aos mais variados tipos de letra, dos mais singelos àqueles que traziam experiências de difícil expressão, sem perder a naturalidade entoativa. É dessa necessidade que surgem, no nosso entender, as divisões rítmicas próprias do samba desse período. Os compositores buscavam, de algum modo, a emancipação do canto: não apenas sua independência do tempo forte dos compassos, mas sobretudo sua liberdade de flutuação entoativa sobre qual fosse a regularidade do acompanhamento instrumental de fundo. Nesse sentido, a recente pesquisa de Carlos Sandroni sobre a formação do que denominou "paradigma do Estácio" traz informações eloquentes[2]. Impossibilitado de reconhecer nas gravações de época (de 1927 a 1933) as soluções rítmicas que, só bem mais tarde, seriam audíveis pelos violões dos sambistas modernos – dado que naquele período os registros com acompanhamento de orquestra ainda adotavam o padrão da era-Sinhô –, o pesquisador aplicou-se a transcrever a melodia principal executada pelos intérpretes e a revelar, a partir daí, as conquistas rítmicas do que hoje identificamos como samba. Conseguiu demonstrar a "precedência dos cantores sobre o acompanhamento"[3], o qual, posteriormente, incorporaria as novas divisões, à medida que os instrumentos de

2. Cf. Carlos Sandroni, *Feitiço Decente*, Rio de Janeiro, Jorge Zahar, 2001, pp. 201-203.
3. Cf. Carlos Sandroni, "Ritmo Melódico nos Bambas do Estácio" em Cláudia Matos, Elizabeth Travassos e Fernanda Medeiros (orgs.), *Ao Encontro da Palavra Cantada – Poesia, Música e Voz*, Rio de Janeiro, 7 Letras, 2001, p. 58.

ALINHAVANDO A CANÇÃO: O SAMBA-SAMBA

percussão (em especial, o tamborim) também iam sendo incluídos rotineiramente nas gravações.

Eram, na verdade, melodistas e letristas em pleno processo de geração de uma música popular, centrada na voz do intérprete, apta para elevar os assuntos mais prosaicos da conversa cotidiana à categoria de manifestação estética. A melhoria das condições de gravação a partir de 1927 e a perspectiva de um real horizonte profissional aumentaram a responsabilidade dessa nova geração de artistas e lhe deram um sentido de urgência – e de concorrência – no preparo de suas criações. As disputas para a participação nas revistas eram cada vez mais acirradas e, além disso, entrando no decênio de 1930, todos já sentiam o poderio do novo veículo que roubaria para sempre a cena musical dos teatros: o rádio. De fato, a dobradinha gravação-rádio traria um norte ao músico popular urbano que quisesse viver de sua habilidade com os instrumentos e/ou com as palavras. Suas criações precisavam agora conquistar os cantores que mantinham influência nas empresas de gravação e dispunham de espaço garantido nos incipientes programas musicais radiofônicos. O sucesso posterior era apenas consequência da relação fiel que começava a surgir entre os ouvintes e as vozes que vinham do rádio.

Evidente que o destino dessa música popular não era assim tão claro a seus contemporâneos. As atitudes e as decisões dos compositores desse período eram tomadas em função de encomendas e oportunidades momentâneas e, quase sempre, sob o peso de circunstâncias de vida desfavoráveis que acabavam determinando a produção e sua própria sorte. Um bom trabalho podia despertar o interesse de um cantor de prestígio que rapidamente lhe dava o encaminhamento devido, mas também podia permanecer anos engavetado ou até se perder definitivamente. Podia ainda – e com muita frequência – ser

O SÉCULO DA CANÇÃO

vendido a outro compositor ou diretamente a um cantor que pudesse no mesmo instante remunerar o autor e aliviá-lo por algum tempo das constantes dificuldades financeiras. A pronta recompensa geralmente falava bem mais alto que a consciência do valor do novo produto musical que se lapidava a cada composição. De qualquer modo, nem que fosse para atrair o interesse de um mediador, toda canção precisava trazer o selo da promessa de sucesso, o que exigia dos compositores um minucioso trabalho de desvendamento dos ingredientes e dos processos de elaboração de uma obra com essas características. Não é por outra razão que esses autores, cujo início de carreira coincidia com o limiar dos anos 1930, entregaram-se a um verdadeiro artesanato cancional à procura de um modelo fecundo de criação. Estavam solucionando seus problemas pessoais e, de passagem, inaugurando a maior expressão artística de consumo do país.

CONSTRUÇÃO DO SAMBA

Só que ninguém admitiria nesse período o nascimento do que hoje chamamos de canção brasileira. Nem o termo "nascimento", nem o termo "canção". Neste último caso, a palavra sequer estava disponível para o emprego genérico que modernamente lhe atribuímos. Bem menos abrangente, o sentido de canção estava associado a um gênero de música cantada romântica, às vezes dramática, filiada à tradição operística de algumas modinhas, à poesia escrita, aparentada das valsas, dos tangos e das serestas, que se prestava a execuções um tanto empoladas dos intérpretes mais conservadores. Por outro lado, a ideia de nascimento de uma nova modalidade artística poderia encobrir um dos poucos valores que todos partilhavam naquela fase de implantação de uma ideologia nacionalista que se tornaria marca da era Vargas: a "recuperação"

ALINHAVANDO A CANÇÃO: O SAMBA-SAMBA

de uma raiz musical brasileira. Afinal, a música popular sempre fez parte do longo processo de negociação (alianças e conflitos), entre representantes da elite e das classes populares, que acabou determinando – e criando – o que é autêntico na cultura nacional. Nada mais conveniente então do que fazer parecer que aquela canção sempre existira na boca do povo[4].

Disso procede, no nosso entender, o feliz reencontro dessa geração de compositores, intérpretes e arranjadores com o termo "samba" e sua dupla projeção, nos períodos posterior e anterior. Quanto ao que veio em seguida, o tempo decorrido já nos permite avaliar a força do conceito na produção musical de todo o século xx. Quanto à história anterior do ritmo, os destaques do bairro do Estácio e redondezas encarregaram-se de refazê-la, dando a entender que aquelas novas canções, preparadas para o sucesso nas revistas, no carnaval e no rádio, representavam o que havia de mais genuíno na tradição popular brasileira. Não procediam nem do morro, nem da cidade. Tinham origem, segundo Noel Rosa, no coração do povo, algo assim como um *éthos* profundamente arraigado na história musical do país. A palavra "samba" congregava sonoridade e significados africanos, práticas corporais (batuque e umbigada) dos ritos negros dos séculos anteriores, ambientes rural e urbano, gêneros como choro e maxixe e, ao mesmo tempo, libertava a canção da métrica tradicional, cedendo espaço à voz que fala com seus acentos imprevisíveis, orientados apenas pelas curvas entoativas típicas da linguagem coloquial. O descompromisso com o tempo forte do compasso permitiu ao samba dos anos 1930 in-

---

4. Ver sobre isso o interessante trabalho de Hermano Vianna a respeito da "invenção" do samba como símbolo nacional justamente no período de que tratamos neste momento: *O Mistério do Samba*, Rio de Janeiro, Jorge Zahar / Editora UFRJ, 1995, p. 152.

O SÉCULO DA CANÇÃO

corporar os improvisos de versos à estrutura da composição, o que contribuiu para distinguir de uma vez por todas "letra" de "poema", sobretudo quando este último se filiava a uma tradição escrita[5].

"Samba" constituía, na verdade, uma forma de canção instável e flexível – fundada nas entoações e expressões da fala cotidiana – cujas propriedades melódicas oscilavam entre dois gêneros, estes sim consideravelmente estáveis e bem-definidos: de um lado, a "canção romântica" acima descrita, que conservava os parâmetros tradicionais das serestas e das modinhas, e, de outro, a marchinha, descendente de *Ó Abre Alas* e do repertório típico das revistas, que garantia uma sonoridade mais europeizada para o carnaval da classe média carioca. Em outras palavras, "samba" passou a definir uma espécie de núcleo por excelência da canção brasileira que se prestava a um tratamento musical ora acelerado e concentrado em refrão (em direção à marchinha), ora desacelerado (em direção à seresta), mas sempre mantendo uma integração entre melodia e letra bem mais próxima da linguagem oral do que da regularidade rítmica ou métrica dos gêneros tradicionais. A elasticidade do gênero era notória. Para exemplificarmos apenas com Noel Rosa, a canção *Conversa de Botequim* (composta com Vadico) seria um samba "puro", sem outro adjetivo, enquanto *Fita Amarela* ou *Coisas Nossas*, ancoradas em refrão, tenderiam à marchinha e

5. Nada impede que letra e poema escrito sejam aproximados em outras bases. Nesse período, porém, a tradição escrita considerava pouco elaboradas as letras de canção, como se os verdadeiros poetas devessem superar o registro coloquial em nome de soluções mais "literárias". Como dificilmente alcançavam o desempenho de um bom literato, visto que pouco conheciam dessa tradição, esses letristas (lembrando sempre de Catulo da Paixão Cearense e Cândido da Neves como modelos privilegiados) ficavam a meio caminho da canção e da poesia, produzindo versos musicalmente desajeitados, literariamente desatualizados e, claro, com um sabor de ingenuidade – até hoje apreciado – cujo reconhecimento passava ao largo das intenções dos autores.

146

ALINHAVANDO A CANÇÃO: O SAMBA-SAMBA

poderiam, portanto, ser chamadas de "sambas carnavalescos". Do outro lado, na direção da seresta, sem jamais com ela se confundir, teríamos *Último Desejo*, cujo gênero, o samba-canção, já foi devidamente comentado.

A instituição do samba como representante-mor da canção brasileira havia sido de fato uma ideia coletiva oportuna que encontrou ressonância em várias frentes culturais do país, contemplando até mesmo os objetivos políticos do período. Além de libertar o canto da quadratura rítmica e da versificação romântica, e de superar a estética da emissão operística, abrindo espaço à voz falada dos próprios compositores e de cantores como Mário Reis, Marília Batista ou Carmem Miranda, o samba funcionaria como marca de brasilidade – muito bem depreendida pelos ideólogos de Getúlio Vargas que ensaiaram uma ampla manipulação popular através de seus artistas –, como o símile do jazz norte-americano no contexto nacional e como expressão artística ao alcance de todos. Mas a nova habilidade que começava a adquirir *status* de trabalho profissional precisava ter também a sua escola de formação, ainda que a verdadeira função de escola fosse exercida pela intensa mobilização dos compositores em torno das revistas e, sobretudo, dos novos horizontes de mercado que despontavam com a gravação e o rádio. Foi então que, na esteira dos blocos carnavalescos, surgiram as primeiras escolas de samba que passaram a ajustar seus desfiles pelas marcações do novo ritmo.

Canção Profissional

Essas escolas funcionavam como um laboratório para as experiências rítmicas dos primeiros sambistas e davam respaldo à ideia de que o mundo do samba era uma verdadeira academia com seus

O SÉCULO DA CANÇÃO

"bambas", "bacharéis" e "doutores", formados para capacitar novas gerações de músicos populares como representantes privilegiados da alma do povo. Já comentamos em outro trabalho a frequência com que Noel Rosa fazia alusão a essa escola virtual de um gênero que estava, na realidade, se constituindo naquele exato período, por obra justamente das canções que ele e seus parceiros vinham lançando na praça[6]. Entretanto, as produções profissionais dos grandes sambistas, incluindo as dos fundadores de escola de samba, como Ismael Silva por exemplo, não se misturavam com o repertório dos desfiles carnavalescos. Música gravada tinha outro estatuto[7]. Era coisa de profissional, com as conotações favoráveis e desfavoráveis do termo. O samba já dava algum dinheiro, mas precisava vir do coração. As escolas de samba dispensavam o primeiro aspecto e cultivavam a pureza de propósitos de seus destaques, mas não seriam elas as responsáveis pelas experiências de composição mais fecundas do novo gênero. Foi na disputa pelo incipiente mercado de consumo que essa nova classe de profissionais – que gravitavam em torno de cantores como Francisco Alves – forjava o samba e o instituía como a canção brasileira em sua mais elevada concepção.

Em nenhum momento, entretanto, esse gênero reinou com exclusividade no cenário musical brasileiro, nem mesmo depois de plenamente consolidado, como na passagem da década de 1930 para a de 1940. As diversas configurações do jazz norte-americano pré-moderno, sobretudo os modelos dançantes (swing, boogie--woogie...) que geravam as canções para o cinema de Hollywood, faziam grande sucesso nos centros urbanos, exerciam influência nos arranjadores e instrumentistas da época e despertavam a ira e

6. Cf. *O Cancionista*, pp. 29-30.
7. Cf. depoimento de Ismael Silva em J. C. Pelão Botezelli e A. Pereira, *A Música Brasileira Deste Século por Seus Autores e Intérpretes*, n. 3, São Paulo, Sesc, 2000, p. 72.

ALINHAVANDO A CANÇÃO: O SAMBA-SAMBA

a reação dos artistas e críticos comprometidos com a brasilidade. Ao lado disso, o tango de Carlos Gardel e os boleros hispano-americanos sempre foram muito bem acolhidos principalmente pelos ouvintes de uma faixa popular menos prevenida[8], deixando um rastro de sucessos que serviriam mais tarde de modelo ao desenvolvimento do nosso samba-canção. Por fim, as cançonetas-espetáculo, próprias do teatro de revista, ainda mantinham seu fascínio não apenas sobre os compositores de marchinhas, mas também sobre os sambistas profissionais que já não podiam mais prescindir do imediato reconhecimento do público. A revista não desfrutava o mesmo prestígio de tempos atrás, mas suas encenações musicais migravam pouco a pouco para o incipiente cinema nacional que, na esteira da experiência norte-americana, se convertia num meio de difusão extraordinário.

A canção – agora no sentido atual do termo: relação entre melodia e letra – brasileira, desde os seus primórdios, já se realizava em todas essas e outras configurações rítmicas. Se o samba de Ismael Silva, Noel Rosa e Ary Barroso foi se impondo no decorrer dos anos 1930 como o gênero nacional por excelência, isso se deve a fatores históricos e antropológicos, mas também, simbioticamente ligados a esses, a fatores técnicos. O pacto dos representantes da casa de Tia Ciata com os representantes da Casa Edison, e de outras gravadoras que chegariam ao Rio de Janeiro logo em seguida, nunca mais se desfez, se considerarmos que o estilo de canção praticado naqueles fundos foi progredindo e se

---

8. A canção romântica, baseada em andamento lento e expressivas durações silábicas, sempre se beneficiou de um público ao mesmo tempo numeroso e silencioso, bem mais afeito ao prazer da audição solitária que ao debate e à formação de opinião. Essa canção, que pouco se alterou no decorrer do século (após o abandono da poesia "escrita"), oferece até hoje ingredientes musicais infalíveis para aumentar o sucesso popular de uma composição.

O SÉCULO DA CANÇÃO

adaptando cada vez mais às condições básicas de um bom registro sonoro para o mercado. Nesse sentido, era notória a tendência de transformação da mentalidade do improviso para a concepção do produto acabado e destinado à veiculação comercial. Até mesmo as primeiras escolas de samba, que não escondiam seu propósito de conservar os gestos espontâneos de composição improvisada de seus autores, foram aos poucos se moldando às rígidas exigências dos concursos carnavalescos – que, em consonância com os apelos do governo, pretendiam melhorar a imagem do sambista brasileiro – e predefinindo uma temática de enredo perante a qual todo compositor deveria se ajustar.

Mas para bem ingressar no mundo profissional do disco, do rádio e até dos musicais cinematográficos era importante se chegar ao produto acabado. A mística do improviso seria então transferida da execução às etapas íntimas da composição, para as quais os autores reservavam histórias, reais e improváveis a um só tempo, que salientavam seus dons artísticos. Assim, quase sempre as melhores canções teriam sido criadas num papel de embrulho ou num guardanapo de botequim, a partir de súbita inspiração com um fato cotidiano ou um sentimento amoroso. Nessa fase preparatória, o improviso ainda reinava absoluto como condição fundamental para a elaboração de boas canções. Ao apresentá-las, no entanto, a Francisco Alves, Carmen Miranda ou Mário Reis, os compositores tratavam de substituir imediatamente essas qualidades retrospectivas por uma única, situada no futuro: a promessa de sucesso.

E para abastecer um mercado que não mais se restringia ao período carnavalesco, esses criadores precisavam desenvolver uma técnica que rapidamente traduzisse ideias "faladas" em soluções "cantadas". Isso significava, na prática, um certo desprezo pelas coerções musicais do compasso e pela métrica do poema escrito.

ALINHAVANDO A CANÇÃO: O SAMBA-SAMBA

O número de sílabas dos versos e seus pontos de acento podiam se alterar indefinidamente, desde que em função das necessidades da expressão coloquial. Essa busca de uma forma musical e literariamente flexível, mais comprometida com a fala cotidiana do que com as leis que definem um gênero específico, deu origem, no nosso entender, ao samba dos anos 1930. Em outras palavras, a canção popular brasileira mais fecunda desse período passou a se realizar em forma de samba, um novo gênero totalmente a serviço das entoações da fala[9]. A partir de então, o que se "dizia" em linguagem coloquial poderia ser cantado sem grandes transformações e o samba nada mais era do que essa possibilidade quase ilimitada de ajuste silábico e acentual. E o arranjo instrumental posterior, que nos primeiros anos da década desconsiderava a nova "instabilidade" melódica, foi aos poucos incorporando-a em linhas contrapontísticas afinadas com sua variação rítmica.

Ao mesmo tempo, por vir de uma linhagem que desde o século XIX sonorizava as brincadeiras urbanas do Rio de Janeiro e que só se aprimorou na convivência com o gramofone durante os primeiros decênios do século passado, o novo gênero provocava a impressão de que sempre existira e isso assegurava uma boa estabilidade às inflexões entoativas dos principais compositores do período. Ao samba cabia, portanto, enformar os diferentes modos de dizer, dando-lhes respaldo musical (definição rítmica) e étnico (representação da síntese brasileira das raças), tanto em andamento acelerado, em direção aos apelos do carnaval,

---

9. Lembramos aqui que a mencionada pesquisa de Carlos Sandroni sobre o ritmo do samba do Estácio partiu da escuta das melodias executadas pelos intérpretes, pois só nelas estavam audíveis as novas soluções técnicas da época. Esse é mais um fato que nos confirma a procedência melódica da divisão rítmica do nosso samba.

O SÉCULO DA CANÇÃO

como em andamento desacelerado, rumo aos apelos românticos que tinham como ponto limite as serestas. Se, por um lado, as marchinhas e as serestas respondiam por boa parte da produção da época que não se atrelava à febre do samba, por outro, esses gêneros extremos quase não permitiam variação. Não se podia conceber, sem artificialismos, marchinhas que tratassem de grandes sentimentos de ausência e nem serestas que fizessem o povo vibrar no reinado de momo. O samba, ao contrário, apresentava uma elasticidade extraordinária. Desacelerando-o e, portanto, valorizando sua trajetória melódica, os compositores chegavam ao samba-canção que descrevia o amor tão bem quanto as serestas, sem tanto risco de descambar para o hiper-romantismo. Acelerando-o e valorizando seus ataques e acentos, os autores (e cantores) criavam o samba carnavalesco, nos quais exibiam o próprio domínio da defasagem rítmica e demonstravam que fazer pular e dançar não era apenas prerrogativa da marchinha.

Por isso, embora sempre convivesse com outras formas musicais, nacionais e estrangeiras, o samba tornou-se o modo de dizer predileto dos artistas da era de Getúlio Vargas, chamando a atenção de políticos, poetas, músicos eruditos, antropólogos e pensadores de maneira geral. Nunca o Brasil chegara a uma expressão estética tão representativa de sua tradição e, ao mesmo tempo, tão moderna no sentido de adequação às novas tecnologias e de atendimento às demandas populares. E o samba ainda era capaz de veicular, com a máxima eficácia e em poucos minutos, todos os principais conteúdos humanos, da carência material e afetiva à plenitude eufórica, por meio de simples dilatação ou contração das durações vocálicas. Plasmar a canção em samba representava, portanto, uma solução aparentemente inesgotável para a produção nacional.

ALINHAVANDO A CANÇÃO: O SAMBA-SAMBA

"Morena Boca de Ouro"

Nesses termos, também é importante observar no período, entre as manifestações mais pragmáticas do samba-canção e do samba carnavalesco, o esforço de caracterização do samba-samba, aquele que enaltece as virtudes do próprio gênero e que serve de centro de controle para aquelas derivações. É geralmente no samba-samba que o compositor exibe seus malabarismos com a melodia e a letra, uma se reportando à outra numa adequação que, de certo modo, simboliza a plena integração da música com a "musa inspiradora". São canções que associam o canto rítmico com a dança das meninas ("cabrochas", "morenas", "mulatas", "baianas"), com locais tipicamente brasileiros ("Rio", "Bahia"), com os próprios instrumentos musicais (violão, cavaquinho, pandeiro, tamborim). *O Samba da Minha Terra, Se Acaso Você Chegasse, Falsa Baiana, Nega do Cabelo Duro, Mulata Assanhada* e *Morena Boca de Ouro* são exemplos notórios desse segmento de produção que deu prumo definitivo à canção brasileira. Examinemos as primeiras sequências deste último samba, composto em 1941 por Ary Barroso:

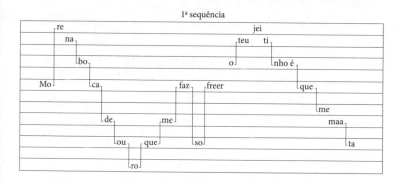

O SÉCULO DA CANÇÃO

2ª sequência

roda	re	vai	vai ginga	re	cai	cai	samba	re e	caata
								na me	
								de	
								sa	
							mo		
				mo	na	não			
mo	na	não							

A melodia da sequência inicial funciona como abertura da canção em diversos aspectos: introduz os pontos extremos de tessitura para as oscilações do canto ("re", no agudo e "ro", no grave), permite uma entrada de voz desacompanhada de instrumento (que se limita a marcar os tempos fortes) e perfaz, com suas subsequências internas, a curva típica de uma modulação enunciativa completa (definida pela oposição entre o tonema ascendente "que me faz sofrer" e o tonema descendente "que me mata"). Nada mais apropriado para apresentar também a personagem principal e todo o seu poder de sedução, conteúdo que será amplamente explorado no decorrer da obra.

Na segunda sequência, o autor realiza o comportamento característico do samba-samba: a melodia se contrai em busca do toque do instrumento de percussão, enquanto a letra descreve os efeitos dos acentos sincopados sobre a personagem e, por extensão, sobre o enunciador (já seduzido) e o ouvinte (por seduzir). Não se trata mais de um relato dos fatos a distância, mas sim, ao contrário, de uma demonstração, aqui e agora, da construção dessa cadeia sedutora. O procedimento temático torna regular um pulso que evita o tempo forte do compasso; esse pulso assinala as peculiaridades de uma dança cuja marcação principal fica apenas

154

ALINHAVANDO A CANÇÃO: O SAMBA-SAMBA

sugerida (cabe ao corpo complementar); e essa dança encarna-se na morena que passa a representar o samba em sua plenitude, com suas causas e efeitos.

Trata-se, pois, de um avanço considerável na arte de compor. Vejamos por partes.

À melodia em expansão da primeira sequência o autor associa uma letra que expõe o assunto selecionado (nesse caso, a morena sambista). A expansão melódica se dá em termos de ocupação do campo de tessitura e não propriamente no sentido de "valorização" das etapas do desenvolvimento da linha entoada, como ocorre nas canções românticas. Valoriza-se o percurso melódico quando, além de suas amplas oscilações, há também um investimento especial no alongamento de boa parte de suas notas, promovendo estadas do canto em determinados pontos do percurso que acabam por definir uma rota melódica. No caso dessa primeira sequência, não há durações – com exceção da penúltima sílaba, representada no diagrama pela vogal dobrada, que justamente acumula um certo *resíduo* passional – que caracterizem uma valorização do percurso e sim uma condução de sílabas breves, com acentos bem-definidos, que de certo modo prenuncia a sugestão de ginga do trecho seguinte. Dissemos ainda que o desenho da curva praticada é típico da modulação enunciativa, ou seja, reflete a entoação básica de um falante comum da língua que, para produzir suas asseverações, combina tonemas ascendentes com seus complementares descendentes. Esse recurso, tão natural e imediato para todos, quase sempre se destina, nessas canções, à configuração daquilo de que se fala. O fato de a letra tratar a personagem "morena" em segunda pessoa (como "tu") em nada perturba o bom reconhecimento do tema escolhido

O SÉCULO DA CANÇÃO

(que, em princípio, pertenceria à terceira pessoa, "ele")[10], uma vez que o intuito de caracterizar a sambista ("ela") permanece em primeiro plano.

Já a segunda sequência pressupõe que o quadro referencial esteja estabelecido para que a melodia revele um outro tipo de relação com a letra: em vez da compatibilidade entoativa, a compatibilidade temática, ou seja, passa-se agora a uma identificação dos motivos (ou temas) melódicos com as habilidades ("rodar", "gingar"...) da "morena", de sorte que tenhamos a sensação de plena sincronia entre música, dança e poder sedutor, tudo isso conformando a noção de samba. A troca do comportamento entoativo da primeira sequência pelo comportamento temático da segunda equivale à conversão de um instrumento melódico em outro de natureza percussiva – daí a alternância reiterada de apenas duas notas –, que, como tal, define melhor os matizes de um gênero musical. De fato, o samba-samba caracteriza-se por melodias entoativas entremeadas de melodias temáticas, ou vice-versa. Essas últimas, de qualquer modo, funcionam como "refrãos itinerantes" que se manifestam aqui e ali, ao longo de toda a extensão cancional e não mais apenas como núcleo fixo (e invariável) para o qual convergem as demais partes da música.

No caso particular dessa segunda sequência, o canto percussivo do segmento "roda morena vai, não vai" estende-se sobre o segmento subsequente, "ginga morena, vai, não vai", operando uma redução do intervalo de oscilação entre as notas

---

10. Note-se que logo a seguir, na repetição da melodia, a letra já aparece em terceira pessoa, que seria, do ponto de vista enunciativo, a posição mais esperada para a caracterização do assunto tratado: "Morena é uma brasa viva pronta pra queimar / Queimando a gente sem clemência".

ALINHAVANDO A CANÇÃO: O SAMBA-SAMBA

que, além de servir à acomodação harmônica, produz um efeito de gradação ascendente cujo destino é o perfil melódico de "samba morena". Esse perfil, na verdade, reproduz no agudo o início do motivo de "roda morena", como se o comportamento temático ainda estivesse em franca progressão ascendente. Afinal, a gradação está para o percurso "vertical" da melodia assim como a reiteração está para o seu percurso "horizontal". Ambas estabelecem uma previsão de trajetória que desperta no ouvinte uma cumplicidade física e psicológica com o desenvolvimento da música. Mesmo que a tematização se desfaça – como de fato se desfaz – logo a seguir, a simples indicação do movimento já assegura a imagem de uma completa sintonia dos motivos melódicos com o desenho rítmico do gênero samba e, por extensão, com a personagem criada.

Acontece que o samba-samba sempre narra a si próprio. Seus personagens são encarnações do samba que, no desenrolar dos fatos, dão demonstrações vivas da fecundidade do gênero. Decorre daí, como já vimos, a necessidade de alternância entre momentos "percussivos", de pura explicitação rítmica, e momentos "entoativos", de relato dos acontecimentos. Essa dinâmica acaba determinando a presença de traços de um momento no outro, o que aliás garante a boa continuidade entre as partes da canção. Basta um rápido olhar sobre o final da segunda sequência para depreendermos sua relação complementar com a configuração rítmica do final da primeira: a melodia sobre "...e me desacata" funciona como a contrapartida aguda (nas durações silábicas e na própria identidade rítmica) da melodia sobre o trecho "que me mata", anunciando a retomada da melodia da primeira sequência com nova letra:

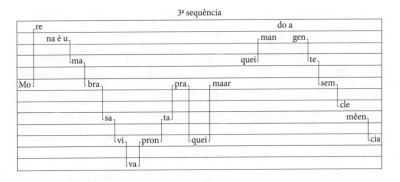

O retorno da melodia – com as mesmas características já descritas acima, mas agora conjugadas a uma letra que assume plenamente a terceira pessoa – e do tom de relato permite um afastamento temporário da cena do "samba explícito" para se obter uma espécie de avaliação de seus efeitos na figura metonímica da morena. O contato direto com a personagem-samba promovido pela segunda sequência converte-se, nesta terceira, em definições precisas de sua força de sedução: a letra desprende-se da concomitância percussiva com a melodia, que assegurava perfeito entrosamento corporal, conserva a metáfora tátil para explicar a ação fulminante da morena sobre seus admiradores ("Morena é uma brasa viva pronta pra queimar") e vincula-se, assim, a numerosos outros sambas que nessa época cultivavam a ideia de irresistibilidade do gênero. A penetração corporal do ritmo, segundo os sambistas, fragilizaria qualquer resistência psíquica. A modulação enunciativa (elevação e descenso melódicos) dessa sequência serve justamente para sustentar a ênfase da letra no caráter impetuoso da morena-samba que volta à cena, em tempo real, no trecho seguinte:

ALINHAVANDO A CANÇÃO: O SAMBA-SAMBA

4ª sequência

								samba	re com		lêen
									na ma		ciaa
									le		
									mo		
roda	re	vai	vai ginga	re	cai	cai					
							mo				
					mo	na	não				
mo	na	não									

Com os mesmos recursos percussivos e com as mesmas sugestões de "ginga" corporal já comentados, a melodia refaz sua
progressão ascendente para, desta vez, dissolver-se numa duração
ainda mais acentuada (expressa nas sílabas com vogais dobradas)
que recai sobre a inflexão da palavra "malemolência". Este termo
conserva importante simetria com o termo "desacata", da segunda sequência, pelo fato de ocupar o mesmo lugar melódico no
interior do segmento. Entretanto, os ataques dos sons oclusivos e
surdos ([k] e [t]) ao final da expressão "desacata" contrastam com
a nasalidade sonora que prevalece em quase toda a extensão da
palavra "malemolência" (o contexto fônico assegurado por [m],
[l] e [ẽ] absorve totalmente a presença da fricativa surda [s]),
como que revelando duas dimensões inseparáveis do samba: o
vigor físico e ativo de suas arestas rítmicas e a indolência sensual
e passiva de suas durações sonoras. No primeiro caso, o samba é
um sujeito que persuade, mobiliza e faz com que seus personagens
entrem em ação (dancem, requebrem o corpo, tamborilem etc.).
No segundo, samba e personagens exercem um poder de atração
irresistível que aprisionam o ouvinte em suas durações prolongadas
e em seus intervalos cromáticos. Realmente, nesse fragmento, o
descenso de meio tom ligando as sílabas "...lên-cia" introduz uma

instabilidade harmônica no lugar das previsões rítmicas até então predominantes, o que contribui diretamente para essa configuração "feminina" do samba, a de arrastar o ouvinte aos seus meandros. Não é por outra razão que esse mesmo dispositivo nos transporta para a segunda parte da canção:

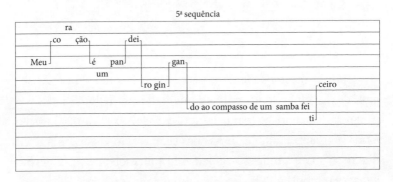

Trata-se aqui de uma sequência altamente figurativa, visto que recria os contornos típicos da entoação da linguagem oral. Embora apresente um desenho melódico aparentemente pouco indentificável com aqueles que perfaziam a modulação enunciativa na primeira e terceira sequências, esta última, em sua frase inicial ("Meu coração é um pandeiro"), não deixa de reproduzir, de modo condensado, o mesmo comportamento geral lá adotado. A aproximação pode ser feita entre o contorno expandido da melodia que conduz o trecho "Morena boca de ouro que me faz sofrer" e o contorno reduzido que entoa "Meu coração" e, em seguida, entre a forma expandida do trecho "o teu jeitinho é que me mata" e a forma reduzida da melodia que modula a expressão "é um pandeiro". Temos, em ambos os casos, uma asseveração característica, com elevação do tonema na primeira parte e descenso da curva na segunda. Isso faz com que se mantenha o procedimento alternado de temas percussivos e contornos entoativos.

Já o fragmento melódico seguinte introduz uma característica inédita dentro do contexto musical criado até então que pode ser entendida como fusão dos procedimentos temático e figurativo. Ao mesmo tempo em que se incrementa o efeito percussivo, com a concentração do fio melódico numa só nota ("...do ao compasso de um samba fei..."), os ataques rítmicos são submetidos aos acentos naturais das palavras escolhidas, como se o modo de dizer a frase já contivesse um samba subjacente:

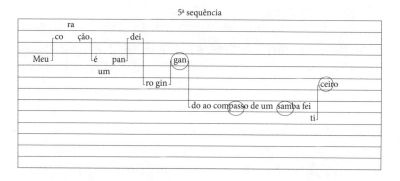

O aspecto figurativo atrela o ritmo ao modo de dizer como se este pudesse exercer um certo controle sobre as marcações indisciplinadas do samba. Mas o aspecto temático produz, ao contrário, um efeito de vida própria dos motivos que garante um retorno do "feitiço" contra o feiticeiro. Ou seja, embora as modulações do canto tenham engendrado o gênero, seus temas percussivos exibem autonomia musical suficiente para inverter o processo e declarar a influência do gênero sobre aquele que canta. A letra reforça essa inversão: o sujeito é totalmente passivo diante da força hipnótica do "samba feiticeiro". O que se prepara, na realidade, é a volta da sequência temática, agora com um formato que privilegia ainda mais a gradação ascendente:

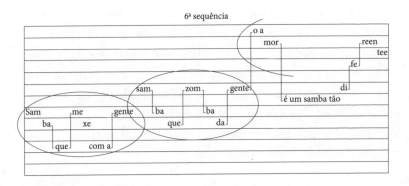

Já vimos que a gradação (assim como a reiteração) dos temas percussivos é uma das formas de previsibilidade frequentemente adotadas pelos refrãos itinerantes do samba-samba. Este diagrama apenas reproduz, com as células melódicas ligeiramente modificadas, o comportamento temático da segunda (e quarta) sequência, incluindo a dissolução do motivo no terceiro segmento. Dois módulos completos e a sugestão do terceiro são suficientes para produzir o efeito de presentificação da cena e de aliciamento dos enunciadores (personificados nos papéis de cantor e ouvinte), enquanto o motivo que se desfaz recupera o tom de relato nas mesmas condições descritas anteriormente para a introdução da quinta sequência.

Do mesmo modo, o diagrama seguinte reapresenta ambas as contrações – da modulação enunciativa e do dispositivo temático-percussivo – já examinadas na quinta sequência, durante o tempo em que a letra retoma a qualificação da "morena" e, imediatamente, sua atuação enfeitiçante sobre o ser rendido do enunciador:

ALINHAVANDO A CANÇÃO: O SAMBA-SAMBA

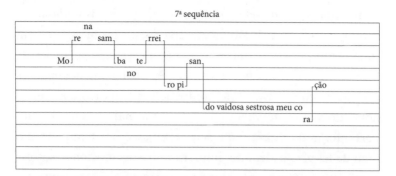

E, depois de tantas alternâncias entre locução e caracterização do samba nas inflexões temáticas, o contorno melódico incorpora esses dois principais procedimentos em seu percurso final, fazendo com que o ato enunciativo (elevação e descenso da entoação) absorva as arestas temáticas em sua curva:

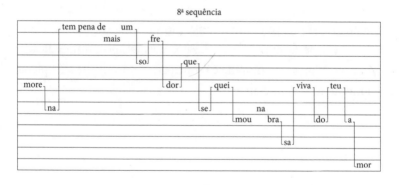

Para tanto, programa-se uma ascendência repentina do tom ("morena tem pena"), que só se justifica figurativamente como reação emocional a tudo que vinha sendo relatado até então, em particular a atuação "impiedosa" da morena sobre os sentimentos do enunciador ("pisando vaidosa sestrosa meu coração"). Evidente que, pronunciada em andamento acelerado, com vogais acentuadas, o salto intervalar de sete semitons revela bem mais a adesão do cantor ao jogo de sedução da morena do que propriamente um sofrimento pessoal, como o expresso nas canções mais lentas (num samba-canção, por exemplo). Só depreendemos reações passionais convincentes no componente melódico quando as notas do salto intervalar, em especial a mais aguda, duram. Portanto, nesta oitava sequência, a emissão de "tem pena" no topo da tessitura, além de simular um basta emocional, soa essencialmente como um breque na região aguda para favorecer o descenso que vem a seguir.

É neste trecho, formado pelos segmentos "...de mais um sofredor que se queimou..." e "...na brasa viva do teu amor", que podemos reconhecer tanto a asseveração categórica, que atravessa todo o espectro das alturas desta canção até atingir o seu ponto mais grave ("...mor"), quanto a gradação, agora descendente, dos motivos temáticos próprios do samba construído ao longo da obra. Os dois segmentos perfazem a afirmação em dois tempos: um dedicado à última exibição da morena e o outro, de fato, à realização plena da modulação enunciativa:

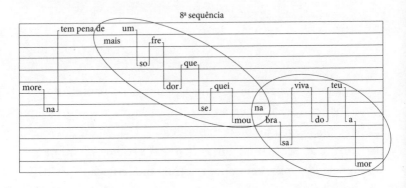

ALINHAVANDO A CANÇÃO: O SAMBA-SAMBA

Essas características descritas em *Morena Boca de Ouro* sintetizam a consolidação de um gênero que se tornou a espinha dorsal da canção brasileira por quase trinta anos (1930-1960), tempo suficiente para que todos os outros estilos de composição em atividade se ajustassem em relação a este modo de dizer tão produtivo. Os autores que, a exemplo de Ary Barroso, praticavam esse pulsar ao mesmo tempo sambístico e figurativo (tanto no sentido de recriação de entoações cotidianas como em termos de representação de personagens e objetos sedutores) estavam, no fundo, celebrando o encontro de uma fórmula mágica. Afinal, o samba-samba, aquele que exercitava diretamente as virtudes do ritmo sem outras intenções, era uma espécie de matriz técnica facilmente adaptável aos estados de ânimo que geravam ora canções de festa, ora canções de lamento.

ELASTICIDADE DO SAMBA

Na realidade, essa fórmula jamais teria sido encontrada se não tivesse havido uma busca especial das soluções ali contidas. A simples evolução rítmica não explica nem as conquistas da casa de Tia Ciata e de seu principal dissidente, Sinhô, nem a quase imediata definição do samba moderno, com todo o requinte que o caracterizou a partir do final dos anos 1920. Somente a urgência, cada vez mais acentuada, de adaptação da voz às novas tecnologias oferece alguma pista sobre a repentina consolidação do gênero. A origem lendária desse esforço de adaptação no Brasil talvez se situe no ano de Proclamação da República quando, segundo o pesquisador José Ramos Tinhorão, o *Jornal do Comércio*[11] teria noticiado que, em fase

---

11. De 13 de novembro de 1889. Cf. J. R. Tinhorão, *Música Popular – do Gramofone ao Rádio e TV*, p. 16.

O SÉCULO DA CANÇÃO

de teste dos primeiros fonógrafos aqui desembarcados, "o Príncipe do Grão-Pará falou e o Príncipe D. Augusto solfejou". Confirmando a aliança da voz com os aparelhos de gravação desde a estreia pública desses últimos, essa notícia ainda alegoriza a passagem da fala à canção. Menos de uma década depois, Baiano, Cadete e outros cantores populares receberiam alguma remuneração para fazer seus registros de voz e violão, dando início à grande "gincana" de profissionalização do cancionista que premiaria os vencedores com a "era de ouro" dos anos 1930. Já relatamos anteriormente parte dessa história.

Não é de se estranhar, portanto, que a consolidação social e cultural do trabalho dos cancionistas se efetivasse ao tempo que também se definiam a gravação elétrica (1927) e a independência financeira das emissoras de rádio (1932)[12]. A melhoria das condições técnicas do registro sonoro e a liberação do maior difusor de voz já inventado para a concorrência comercial e, por conseguinte, para o investimento em programas dedicados à canção popular exigiam pronta resposta dos locutores e cantores encarregados de alimentar continuamente o novo veículo. Havia uma encomenda tácita no ar e muitos jovens que se sentiam hábeis para criar canções, individualmente ou em parceria, passaram a produzir com afinco na esperança de assegurar um lugar de destaque num meio que se tornava cada vez mais competitivo[13]. O modelo de composição

12. Ano em que Getúlio assina decreto-lei permitindo veiculação de anúncios comerciais pelas rádios.

13. Sabe-se que Noel Rosa, por exemplo, deve um tanto de seu vastíssimo repertório, composto em tão pouco tempo de vida, à tática de jamais desperdiçar refrãos que, a seu ver, justificasse uma segunda parte. Firmava parceria com numerosos sambistas de renome, mas também com iniciantes que não sabiam como completar seus refrãos minutos antes da apresentação no Programa Casé. Uma composição a mais era sempre bem-vinda.

ALINHAVANDO A CANÇÃO: O SAMBA-SAMBA

ideal era aquele que apresentasse maior rendimento qualitativo e quantitativo para seduzir os cantores e prover o mercado aberto pelas rádios.

O uso sistemático das síncopas na linha melódica do canto revelava, nesse momento, uma conquista técnica imprescindível para atender às constantes solicitações do novo mercado musical. Sinhô já havia exibido a eficiência dos acentos livres em suas composições de recado, mas a solução ainda estava longe de ser a norma de conduta da época. Apenas indicava uma certa facilidade de conversão de frases ditas em frases cantadas. No período em que se avultaram as encomendas, a partir de 1928, os compositores tiveram de desenvolver um modelo eficaz de rápida transferência de qualquer assunto para o formato da canção e quase todos se sentiam habilitados a produzir para o carnaval, para o meio de ano ou, simplesmente, para mostrar que sabiam dizer o que quer que fosse com melodia e letra. O segredo era deixar que se sentisse o tempo forte dos compassos musicais, o que asseguraria o engajamento físico e psíquico do ouvinte com um pulso regular, sem que o canto precisasse sublinhá-lo. Ao contrário, era conveniente que a voz ficasse livre para desenvolver suas frases, mais entoativas do que musicais, partindo de qualquer ponto do compasso e criando temas rítmicos indiferentes às fronteiras assinaladas no acompanhamento.

O samba-samba descrito retrata uma espécie de oscilação pura entre o modo de dizer de uma época – leia-se anos trinta e quarenta do século passado – e seu gênero predileto, sem outras variações. As modulações entoativas dos versos ora caminham soltas, ora em fase com o pulso sincopado do samba, mas em ambas as situações evitam acentuar o tempo forte plenamente demarcado pelo arranjo instrumental. Tudo ocorre como se *Morena Boca de Ouro* deixasse transparecer a influência mútua entre inflexões enunciativas e motivos melódicos do samba, mas acusasse um maior compromisso com esses últimos. Uma outra canção portadora das mesmas características, como *Conversa de Botequim* (Vadico e Noel Rosa) por exemplo, já estaria um pouco mais identificada com o modo de dizer do que com o gênero:

Servindo-se basicamente do mesmo regime sincopado, o sambista desses primórdios da canção moderna também respondia com prontidão a todas as encomendas do carnaval. Sabia que, nesse caso, bastava contar com um refrão estável, centralizador e, claro, comunicativo, ao qual acrescentava uma segunda parte com a função primordial de trazer a melodia de volta à primeira, para assegurar uma concorrência em condições de igualdade com a marchinha. Canções como *Se Você Jurar* (Ismael Silva / Nilton Bastos / Francisco Alves), *Até Amanhã* ou *Com que Roupa?* (Noel Rosa) guardam essas características: as inflexões melódicas caracterizam um modo de dizer que se ancora num refrão. Entretanto, há também gradações enunciativas entre elas: se a canção de Ismael delineia o perfil típico do samba carnavalesco, as de Noel deixam transparecer as origens locucionais da criação. Projetadas no mesmo esquema, teremos:

Essa configuração estende-se para além dos domínios do samba – ou do que se convencionou caracterizar como ritmo de samba – e reaparece no universo de produção das marchinhas. Não é difícil reconhecer que *Me Dá um Dinheiro Aí* (Homero, Ivan e Glauco Ferreira) mantém-se mais próxima do modo de dizer do que, por exemplo, *Maria Candelária* (Armando Cavalcanti / Klécius Caldas). Um criador convicto de marchinhas, como Lamartine Babo, gostava tanto de se ater à estrutura prévia do gênero – é o caso de *Linda Morena* – quanto de escancarar a força enunciativa dos motivos melódicos e linguísticos de algumas composições como *Aí, Hein?* (c/ Paulo Valença):

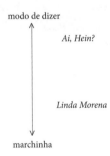

Assim também, mesmo quando as canções se desaceleravam para tratar dos temas amorosos ou, mais precisamente, do sentimento de falta típico das paixões humanas, o quadro geral de locução pouco se alterava. De um lado, canções como *Rancho Fundo* ou *Serra da Boa Esperança* (L. Babo) demarcavam os contornos do samba-canção e, de outro, obras como *Último Desejo* e, mais tarde, *Vingança* (Lupicínio Rodrigues) apontavam para as fontes enunciativas da composição:

E até no universo das serestas, onde sempre prevaleceram as soluções da música e da poesia escritas, verificou-se a adoção progressiva dos recursos entoativos e dos dêiticos linguísticos que apontam para as circunstâncias de enunciação. Nesse sentido, uma composição como *Chão de Estrelas* (Silvio Caldas / Orestes Barbosa), apesar de seu tom ainda pomposo, já deixava entrever as raízes coloquiais de suas curvas melódicas, bem mais que os modelos ortodoxos do gênero. Basta compará-la a *Noite Cheia de Estrelas* (Cândido das Neves):

O modo de dizer não é prerrogativa deste ou daquele gênero. Ele é um índice de presença do "ser sensível"[14] que está por trás de toda e qualquer canção. Acontece que os sambistas dos anos 1930, pressionados pela urgência das encomendas de produção, acabaram encontrando a forma mais rendosa de manifestação desse modo de dizer, uma vez que as divisões rítmicas articuladas em seu canto podiam oscilar ao sabor dos impulsos entoativos da fala e dos acentos naturais das palavras, indiferentes à quadratura dos compassos e à métrica de maneira geral. Estavam, na verdade, consolidando um longo processo de musicalização da oralidade brasileira, iniciado na era colonial, mas desenvolvido intensamente nos grandes centros urbanos do século XIX e, em particular, no Rio de Janeiro durante as três primeiras décadas do século seguinte.

Parece-nos evidente que a regularidade do uso das síncopas, sobretudo as que desconsideram as fronteiras do compasso, na música popular brasileira de sempre, decorre bem mais desse esforço de musicalização da instabilidade da linguagem oral do que, especialmente, de uma evolução progressiva do componente rítmico. Em outras palavras, a própria evolução rítmica demonstra justamente que precisávamos dispor de formas mais complexas para traduzir o que já criávamos com naturalidade nas conversas cotidianas. A eterna dificuldade, da qual os pesquisadores e analistas da canção habitualmente se esquivam, consiste em converter segmentos entoativos em dispositivos técnicos do modelo descritivo. Talvez, com a chegada dos novos programas computacionais aos laboratórios de fonética e fonologia, a transcrição precisa das entoações encoraje também novas investigações no terreno da estética cancional.

---

14. Na acepção dada por J.-J. Rousseau em seu "Ensaio Sobre a Origem das Línguas", em *Os Pensadores*, n. XXIV, Abril Cultural, 1973, p. 200.

Por enquanto, só podemos declarar que o samba dos anos 1930 trouxe um prumo para a composição de canções que até hoje serve de referência aos artistas de maior apuro técnico. João Gilberto, por exemplo, é um desses cancionistas que "leem" a canção universal sob as diretrizes fornecidas por esse prumo. O samba foi de fato a solução brasileira para uma fecunda manifestação do modo de dizer cancional que sustentou nossa produção por pelo menos três décadas. Dispondo os esquemas parciais numa só figura, teremos:

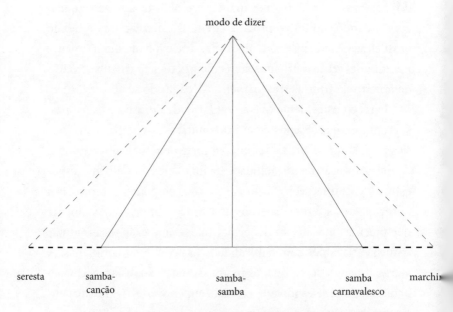

Esse esquema também nos ajuda a compreender que o modo de dizer só se realiza plenamente se imaginarmos uma oscilação constante entre as produções medulares do samba-samba e aquelas que assinalam, de um lado, o comportamento mais eufórico do compositor, em harmonia com as coisas do mundo e a situação em que se encontra, típico do samba carnavalesco, e, de outro, o seu

ALINHAVANDO A CANÇÃO: O SAMBA-SAMBA

comportamento mais disfórico, carregado de sentimento de falta, que se expressa nas durações vocálicas dos sambas-canções. É esse "triângulo" completo que, aos poucos, se converte – sem jamais se dissipar totalmente – na canção popular moderna surgida após o turbilhão de correntes que afetaram o Brasil e o mundo nos anos 1960.

O Nó do Século: Bossa Nova e Tropicalismo

Bossa Nova

Quem revelou ao país a existência dessa medula cancional que tentamos representar no esquema do capítulo anterior foi João Gilberto. O grande intérprete fez questão de incluir no repertório bossanovista de seus três primeiros LPs diversas canções mais antigas, quase todas identificadas com a vertente samba-samba. Além de *Morena Boca de Ouro*, João Gilberto gravou *Bolinha de Papel* (Geraldo Pereira), *Rosa Morena*, *Samba da Minha Terra* e *Saudade da Bahia* (Dorival Caymmi).

Para os ouvidos afinados com o novo movimento não havia qualquer solução de continuidade entre o samba-samba e a bossa nova, sobretudo quando as composições recebiam o mesmo tratamento no domínio da interpretação. Era como se o cantor estivesse recolocando a canção nos trilhos, o que correspondia precisamente ao gesto de triagem estética já comentado. Na verdade, João Gilberto manifestava o seu fascínio pelo que era central no samba: o envolvimento da voz no ritmo, seja para reforçá-lo

O SÉCULO DA CANÇÃO

com seus motivos melódicos, seja para deixá-lo como apoio, em segundo plano, nos momentos de relatos enunciativos. Para que esse prazer, ao mesmo tempo lúdico e estético, pudesse ser transmitido em toda sua plenitude ao público, o músico preparava uma linha de violão já totalmente imbuída das divisões sincopadas do samba-samba e, sobre essa base, em geral bastante regular, praticava encaixes pouco prováveis das frases melódicas, servindo-se apenas das sugestões entoativas próprias de cada verso. Diga-se de passagem que o cantor, a partir de então, só depurou sua técnica de refazer o samba-samba a cada nova canção incluída no repertório.

Tom Jobim, mais centrado na composição de um novo repertório para a música brasileira que, naqueles meados da década de 1950, vivia o auge de seu período passional, também incluiu em seu projeto musical a revitalização da dicção do samba-samba. Nessa linha, compôs *Só Danço Samba*, *Garota de Ipanema*, *Só Tinha de Ser com Você* etc., cujos procedimentos de interação entre melodia e letra lembram muito os dos sambistas da era de ouro que melodizavam a própria estrutura rítmica do acompanhamento, enquanto seus versos enalteciam o feitiço do gênero.

A diferença estava sobretudo na concepção harmônica. Os acordes originais da composição de Jobim já preveem itinerários dissonantes tanto para as linhas de apoio instrumental quanto para a voz principal. Ao interpretar suas canções, João Gilberto podia se ater aos encadeamentos harmônicos nascidos com a própria composição. No caso de recuperação dos sambas das décadas anteriores, o violonista refazia inteiramente a harmonização. De todo modo, o engajamento com a vertente samba-samba deu uma identidade especial à produção desses dois expoentes que, por essa e outras razões, vêm merecendo estudos à parte.

O NÓ DO SÉCULO: BOSSA NOVA E TROPICALISMO

Uma coisa é a bossa nova como movimento musical – caracterizado como intervenção "intensa" – que durou por volta de cinco anos (de 1958 a 1963), criou um estilo de canção, um estilo de artista e até um modo de ser que virou marca nacional de civilidade, de avanço ideológico e de originalidade. Outra coisa é a bossa nova "extensa" que se propagou pelas décadas seguintes, atravessou o milênio, e que tem por objetivo nada menos que a construção da "canção absoluta", aquela que traz dentro de si um pouco de todas as outras compostas no país.

Ao primeiro gênero pertencem Tom Jobim e João Gilberto – expressões máximas e incontestes do movimento –, mas também o poeta Vinicius de Moraes e toda a turma da zona sul carioca, de Carlos Lyra a Nara Leão, passando por Roberto Menescal, Ronaldo Bôscoli, Sérgio Ricardo, Silvinha Teles, Chico Feitosa, Marcos Valle e outros. Essa bossa nova tem como precursores Dick Farney, Lúcio Alves, Johnny Alf, o conjunto Os Cariocas, todos músicos afinados com as perspectivas abertas pelo cool jazz norte-americano.

Ao segundo gênero, à bossa nova extensa, pertencem apenas Tom Jobim e João Gilberto. "Extensa", neste caso, não diz respeito à longevidade das canções produzidas no período. Vinicius de Moraes, Carlos Lyra, Roberto Menescal e os outros citados são autores de canções definitivas do repertório brasileiro. Estamos nos referindo ao projeto de depuração de nossa música, de triagem estética, que se tornou modelo de concisão, eliminação dos excessos, economia de recursos e rendimento artístico. Trata-se, mais precisamente, de uma atitude de revelação de pontos essenciais que vão se firmando – mas ao mesmo tempo se ocultando – no interior de um imenso repertório musical que tende a esmagar seus principais matizes de confecção. Tal depuração não é, em si, um gesto de qualidade. A saúde da canção depende também,

O SÉCULO DA CANÇÃO

como já dissemos em vários pontos deste volume, dos gestos de mistura e de absorção maciça de influências de outros lugares e de outras épocas. Jobim e João Gilberto são exemplos de músicos que se beneficiaram fartamente das propostas do jazz para, em seguida, se concentrarem na decantação da canção brasileira. Mas o que ficou como característica básica de sua atuação artística, como forma de conduta que passou a inspirar seus sucessores, foi justamente esse último aspecto que compreende um olhar profundo nas entranhas de nosso corpo musical. Há momentos da história da canção, da carreira de um artista ou mesmo da história de uma única composição em que o tratamento depurador da bossa nova se faz necessário. Nesse sentido, o gesto bossa-nova é extenso. Tanto Jobim como João Gilberto jamais abdicaram desse gesto.

A primeira bossa nova – a intensa –, passados os cinco anos, foi-se adaptando aos anseios ideológicos da época que conduziam boa parte da classe artística para os temas de "raiz" e para as reivindicações sociais. Vinicius passou a produzir afro--sambas com Baden Powel, Nara Leão liderou a temporada do show *Opinião* com Zé Kéti e João do Vale, Carlos Lyra compôs a *Canção do Subdesenvolvido* e *Pau de Arara*, Sérgio Ricardo lançou *Esse Mundo É Meu*, surgiram Edu Lobo, Geraldo Vandré e, com a chegada fulminante de Elis Regina, consolidou-se a chamada MPB, cuja primeira sede, já vimos, foi o programa *O Fino da Bossa* estrelado pela cantora na TV Record. A bossa, na verdade, já havia desaparecido, mas sua menção ainda produzia um efeito nostálgico de boa qualidade e de possível continuidade musical. O restante dessa história foi matéria dos capítulos anteriores: polarização entre MPB e jovem guarda, conflitos nos festivais e superação das dicotomias pelo tropicalismo.

O NÓ DO SÉCULO: BOSSA NOVA E TROPICALISMO

O que ainda é pouco avaliada é a história da bossa nova extensa. Tom Jobim e João Gilberto, que permaneceram nos EUA após a famosa apresentação no Carnegie Hall em 1962 – e que, portanto, se distanciaram dos rumos seguidos pela música brasileira nesse período –, mantiveram incólume o projeto inicial de economia e depuração sonora e jamais deixaram de falar sobre "o amor, o sorriso e a flor" (título do segundo LP do cantor baiano). Tudo ocorre, na realidade, como se a bossa nova intensa fosse apenas um período passageiro, em que a moda veio ao encontro do estilo altamente pessoal do compositor e intérprete de *Chega de Saudade*, mas que pouco tem a ver com o trabalho global desses dois artistas.

Tom Jobim demonstrou que uma harmonia musical bem conduzida pode economizar contornos melódicos, produzindo o mesmo (ou maior) efeito emocional das amplas curvas realizadas pelos autores de samba-canção e das músicas românticas em geral. Mostrou ainda que a harmonia pode sugerir diversas direções – e, portanto, diversos sentidos – ao mesmo encaminhamento melódico, de modo que deixam de ser necessárias as grandes oscilações entoativas ou as excessivas variações temáticas. Veio daí sua adoção dos acordes dissonantes largamente empregados, com outros objetivos, nos improvisos do jazz norte-americano.

Diferentemente daquilo que constituía até então a experiência musical brasileira, com suas melodias dilatadas e quase autossuficientes, o compositor de *Águas de Março* estava comprovando que o sentido da melodia pode completar-se no encadeamento dos acordes, já que esses indicam, ao mesmo tempo, os caminhos musicais possíveis e as emoções decorrentes. Com letras leves e líricas (suas ou de seus parceiros), evitando sempre a presença do elemento dramático ou trágico, Jobim fez da tristeza e da alegria um só sinal de delicadeza que perpassa todas as suas canções. Mais

O SÉCULO DA CANÇÃO

tarde, já no final da década de 1970, retomou as melodias expansivas anteriores à bossa nova (em canções como *Luíza* por exemplo), mas jamais abandonou a prática da condução harmônica como fonte inesgotável dos sentidos e das emoções.

Durante anos, porém, o compositor dedicou-se à criação de melodias que pouco se expandiam no campo de tessitura, na tentativa de extrair o máximo proveito das pequenas variações de notas que às vezes soavam como um novo material sonoro pela ação simultânea do desenvolvimento harmônico. Mantinha sua âncora no samba-samba, mas incursionava moderadamente pelo campo passional e pelas formas enunciativas sem jamais perder, nessas pequenas digressões, a coesão dos motivos melódicos. A marca de sua dicção era a força de concentração. Jobim preocupava-se com a *identidade* dos temas melódicos, justamente para valorizar cada traço de *alteridade* (diferença de contorno) que gradativamente introduzia ao longo da composição. Essas noções podem ser compreendidas à luz das ideias de melodias temáticas e melodias passionais já vistas anteriormente. Vamos retomá-las.

IDENTIDADE E ALTERIDADE

Todo tema está inserido numa sequência melódica à qual se integra por identidade e alteridade ao mesmo tempo. No primeiro caso, todo tema contém traços dos temas precedentes e subsequentes, o que lhe assegura uma identidade histórica no interior da obra: ele é um pouco do que já foi e um pouco do que será. No segundo caso, todo tema possui uma porção maior ou menor de singularidade que o distingue e o define como um "outro" na corrente melódica. Quanto maior o número de traços de identidade, mais garantia de coesão da sequência e menos progresso em sua história interna. A

O NÓ DO SÉCULO: BOSSA NOVA E TROPICALISMO

melodia parece não ir a lugar nenhum pois está sempre retomando o que já apareceu antes, seja no plano das pequenas unidades – o que chamamos de *tematização* –, seja no plano das partes integrais – o que conhecemos como *refrão*. A dominância das identidades corresponde, portanto, a um processo de *involução* melódica. Entretanto, dificilmente uma canção concreta restringe-se a esse caso limite. Para que reconheçamos as identidades é necessário que os temas de algum modo se desdobrem em diferentes (ou minimamente diferentes) soluções rítmicas ou melódicas, de modo que tenhamos um certo grau de *evolução*. Afinal, um refrão só se define como tal quando a canção evolui para uma outra parte e promove, com isso, uma intensa espera pelo seu retorno.

Esse modelo, enraizado no samba-samba, encontra considerável correspondência no componente linguístico da canção. No plano do conteúdo da letra, a identidade se expressa por acordos e encontros entre personagens ou por conjunções entre eles. Um personagem pode ser entendido como o resultado de conquistas já obtidas e de esperanças de novas aquisições. Por essa necessidade de completude – ou seja, de integrar-se com seus semelhantes e com as coisas do mundo – ele vincula-se ao passado e ao futuro e se consolida como *ser em transição*[1]. Mas como esse ser jamais atinge a perfeição (a completude), o sujeito também se define por uma insuficiência contínua: já não possui mais tudo o que possuiu outrora e ainda não possui tudo que gostaria de possuir no futuro. Se, de um lado, esse sentimento de falta fratura sua identidade, de outro, devolve-lhe a noção de alteridade: o sujeito precisa do "outro" para se completar.

---

1. Sem entrar no contexto musical, o linguista Edward Lopes já estudou esse gênero de "identidade histórica" no artigo "Paixões no Espelho: Sujeito e Objeto como Investimentos Passionais Primordiais", publicado no periódico *Cruzeiro Semiótico*, n. 11-12 (julho 1989, janeiro 1990), Porto, p. 157.

O SÉCULO DA CANÇÃO

Nessas canções que explicitam a ginga do samba, há uma predominância notória dos traços da identidade, tanto na melodia como na letra. As reiterações musicais resistem, o máximo possível, à força evolutiva da sonoridade, como se os temas melódicos já se bastassem mutuamente. São canções concentradas nos motivos rítmicos comuns (e às vezes nos refrãos) dos quais só se afastam para valorizar o retorno. Essa quase plenitude melódica, assinalada pela pouca necessidade do "outro", produz reflexos imediatos na letra. Os personagens descritos na letra quase sempre festejam seus encontros e suas aquisições fazendo-os prevalecer sobre desencontros e perdas eventuais vividos no passado ou previstos para o futuro. São personagens fortalecidos pela conjunção com seus objetos e pela aliança com outros personagens. Esse reforço da identidade produzido tanto na melodia como na letra é o que transmite a impressão de *compatibilidade* e é o que tornava os sambas da década de 1930 adequados à euforia do carnaval.

Nas canções desaceleradas, da vertente do samba-canção, predominam os traços de alteridade. O alongamento das durações e a consequente expansão do percurso melódico diluem em boa medida a constituição das células temáticas, ou, pelo menos, as orienta para outros lugares sonoros, quase sempre definidos pela tonalidade musical. A formação dessas trajetórias responde por um sentido de busca que o outro gênero de canções não possui. Em qualquer ponto de seu percurso, essa melodia parece estar em trânsito, pois precisa dos contornos restantes para se completar.

Existem as identidades parciais entre os temas que, de um modo ou de outro, vão se configurando, mas essas identidades jamais se sobrepõem às insuficiências de cada segmento que mantêm a melodia em processo. Essa constante evolução apresenta em geral um sentido gradativo, tanto entre notas (como se acompanhasse o

O NÓ DO SÉCULO: BOSSA NOVA E TROPICALISMO

perfil de uma escala) como entre motivos, encaminhando-se ao agudo ou à região grave, mas frequentemente essa continuidade se quebra com a presença de saltos intervalares, cujo sentido maior é o de apressar, de tempo em tempo, a evolução lenta do som. Sabe--se, porém, que ao salto sempre segue um movimento gradativo que restabelece a continuidade em seu progresso relativamente controlado.

Essa busca de uma identidade mais satisfatória no âmbito da melodia repercute na letra em termos de desencontros amorosos e de disjunções entre personagens. Trata-se sempre de um sujeito que necessita do "outro" para compor a própria identidade: sente-se ligado a esse outro no plano temporal (recorda-se de alguém ou de algo do passado ou mantém a esperança de um encontro futuro), mas reconhece que dele se encontra afastado no plano espacial. Daí decorre o conflito subjetivo e a tensão tipicamente *passional*: a relação entre o eu e o outro é simultaneamente conjuntiva e disjuntiva. Mas a insatisfação produzida pela disjunção é, em geral, o traço que ressoa na melodia como tendência a *constituir percursos*. Independentemente do maior ou menor grau de identidades temáticas (reiterações), a melodia lenta adota itinerários de busca, como se tentasse reaver o elo perdido descrito na letra.

Essas características de estabilização das canções temáticas ou passionais – que, no Brasil, por força das encomendas radiofônicas, se consolidaram nos anos 1930 como músicas de carnaval e de meio de ano respectivamente –, responsáveis por um (na época) desejável triunfo da "canção estável" sobre a "fala instável", não significaram apenas uma conquista datada sem maior alcance. Ao contrário, definiram uma conduta de compatibilização entre melodia e letra que nunca mais pôde ser dissociada da atividade dos cancionistas até os nossos dias.

Garota de Ipanema

Jobim, imbuído desses recursos que atingem o âmago da linguagem da canção, tornou-se um perito em produzir o máximo de sentido com o mínimo de variação musical. Um bom exemplo de seu trabalho melódico está em *Garota de Ipanema*, cuja letra foi elaborada no mesmo espírito por Vinicius de Moraes.

As duas primeiras sequências constituem uma espécie de refrão melódico que desempenha no interior da obra uma função de concentração, não apenas por sua reiteração integral (a segunda sequência repete a primeira), mas sobretudo pela acentuada identidade entre seus temas internos:

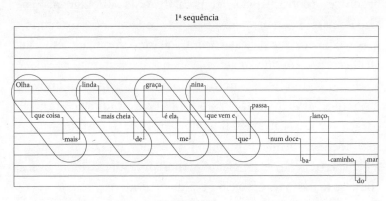

Mesmo quando começam a surgir as primeiras alterações intervalares – que, a partir da quinta unidade temática, desviam o movimento melódico para o grave – a predominância dos fatores de identidade ainda se faz sentir:

a) o desenho do motivo melódico é basicamente o mesmo:

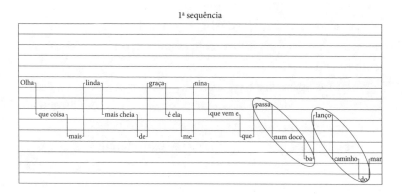

b) e a descendência obedece a um critério de gradação tonal que, como toda gradação, estabelece uma lei de previsibilidade (nesse sentido, a gradação descendente ou ascendente reproduz, no eixo "vertical", a mesma integração de elementos musicais que a reiteração promove no eixo "horizontal"):

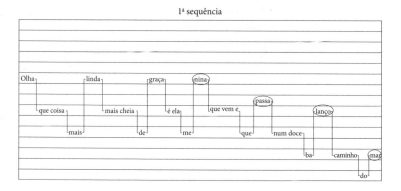

O SÉCULO DA CANÇÃO

Por outro lado, não se pode negar que as alterações intervalares e o consequente desvio do encaminhamento final da melodia definem, ainda que de forma recessiva, um quadro de desdobramento musical regido pelo princípio da alteridade. Esse fenômeno não chega a comprometer a força de concentração exercida pelo refrão, mas também não deixa de assinalar, em suas pequenas desigualdades, a presença do "outro", nesse caso, do outro material melódico cuja orientação não se restringe a um retorno ao núcleo.

Mas esse primeiro trecho ainda pede um exame mais atento, se quisermos verificar a habilidade do compositor em produzir a identidade e a alteridade nas sequências melódicas.

As unidades temáticas iniciais são consideradas idênticas do ponto de vista das frequências acionadas, das figuras rítmicas empregadas ou do desenho de seus contornos, entretanto, no que tange à posição que ocupam no processo melódico, sempre comportarão diferenças entre si por menores que sejam. Desconsiderando por enquanto as interferências da letra, já podemos constatar que a sequência melódica de "...linda mais cheia de..." é distinta da inicial "Olha que coisa mais...", no mínimo por sucedê-la na linearidade musical. A nota da palavra "linda", por exemplo, é ponto de partida da segunda unidade temática, mas também é ouvida como ponto de chegada da unidade anterior; isso é suficiente para diferenciá-la de "Olha" que só apresenta função incoativa[2]. Pouco mais à frente, a nota da palavra "graça", além de absorver os influxos dos temas anteriores, vem modulada pela mudança de acorde que, como tal, sempre produz um efeito de desvio ou de novo encaminha-

---

2. A "incoatividade" indica o início de um processo.

186

mento da direção melódica. Por fim, a nota correspondente às sílabas "...nina" confirma retrospectivamente o processo de recorrência temática – ou *involução* melódica –, mas anuncia, prospectivamente, a nova orientação do percurso musical – ou *evolução* melódica. Ou seja, ao mesmo tempo que introduz a última unidade do processo de *tematização*,

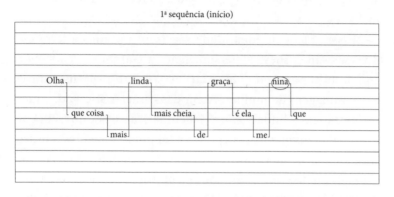

o fragmento "...nina" implanta a gradação descendente que se desdobra nas notas de "passa" e "...lanço" até atingir "mar":

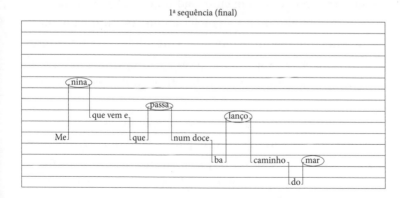

O SÉCULO DA CANÇÃO

Essas observações são apenas para demonstrar que as forças de identidade estão impregnadas de alteridade, razão pela qual a melodia parece estar sempre em progresso. Não obstante, a hegemonia da tematização, com seus incontáveis recursos de assimilação de um motivo pelo outro, mantém intacta sua tendência à concentração. A repetição integral da melodia na segunda sequência reforça ainda mais essa dominância dos indicadores involutivos da linha melódica.

Esses traços de identidade são transportados à letra em diversas dimensões. A personagem da *Garota de Ipanema* é composta por um conjunto de atributos que se torna inseparável de sua imagem de mulher. Além das características, digamos mais estáticas ("linda", "graça", "menina"), a garota apresenta-se dotada de movimentos corporais a tal ponto atraentes que seu simples caminhar ("passa", "num doce balanço") converte-se em mais um fator de identidade da personagem. Trata-se, pois, de uma série de conjunções da protagonista com seus atributos que traduzem, na letra, a continuidade dos motivos melódicos parcialmente idênticos e sua força de concentração. Além disso, é notória a presença de um enunciador que não apenas descreve a cena, mas também nela se inclui como testemunha ocular e parte emocionalmente envolvida. Consolidam, nesta dimensão, as funções de sujeito e objeto: a garota exerce seu poder de atração enquanto o enunciador dirige toda a sua atenção à personagem.

Ocorre, porém, que a plena definição do estado *subjetivo* depende da amplitude da relação que o sujeito (um personagem) mantém com o objeto (outro personagem). Um sujeito em comunhão completa com o objeto teria sua identidade totalmente assegurada, mas deixaria imediatamente de ser sujeito, já que esta função resulta sempre de um sentimento de falta ou da necessidade do "outro". A identidade integral (e hipotética) entre as duas funções garantiria a plenitude subjetiva, mas certamente comprometeria o *sentido* (a direção) de vida da existência humana. Cessariam as tensões que impelem o sujeito em direção às suas metas.

De volta à nossa letra, mais uma vez podemos dizer que há ao mesmo tempo identidade e alteridade entre o enunciador e a personagem da garota. A identidade manifesta-se nos vínculos de atração e desejo que acabam por definir entre ambos uma "união a distância". A alteridade, na ausência de contato físico que desde os primeiros versos já fica sugerida. Em outras palavras, esse estado de contemplação entre sujeito e objeto configura-se, de acordo com o que já comentamos anteriormente, como um elo temporal – fundado numa certa esperança de um encontro possível – que convive com um distanciamento espacial. Os discretos desdobramentos melódicos que localizamos nos primeiros segmentos constituem os signos musicais dessa separação entre os personagens. Não é por outra razão que, ao abandonar a reiteração pura e simples da unidade temática inicial, a melodia esboça uma direção descendente como se buscasse algo que ainda não possui. Considerando, porém, que esse encaminhamento para o grave se serve dos mesmos motivos rítmicos e dos mesmos contornos melódicos que haviam caracterizado a tematização, o que resta é um contexto geral de notável identidade. Isso contribui para que sobressaia nessa primeira parte da letra o aspecto conjuntivo das funções de sujeito e objeto, bem como para que essa dominância se mantenha até a entrada da segunda parte, representada pela terceira sequência do diagrama:

3ª sequência

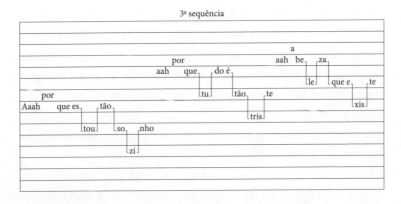

Podemos dizer que, nessa passagem, o compositor faz com que a melodia principal seja finalmente negada em favor de outro comportamento musical: os tons se dilatam (as vogais são prolongadas), o desenho dos novos temas se modifica e o encaminhamento passa a ser ascendente.

Mais que uma simples mudança temática, a passagem para o terceiro segmento representa uma significativa alteração de andamento no interior da própria estrutura musical. O que era:

passa a ser:

O NÓ DO SÉCULO: BOSSA NOVA E TROPICALISMO

A desaceleração por si só já ocasiona transformação no material melódico, na medida em que atenua a importância dos acentos vocálicos e dos ataques consonantais e, com isso, dilui a conformação estrutural dos motivos típica das músicas mais velozes. A desaceleração tende a trocar os motivos pelo percurso ou, em outras palavras, a *concentração* pela *expansão*. Não podendo desfrutar de um encontro imediato dos motivos, já que esses perdem a nitidez, a melodia lenta geralmente demonstra conter em si a falta do "outro". Por isso parece *evoluir*, como se sua missão fosse encontrar a própria identidade (leia-se o mesmo programa melódico) em algum momento de seu percurso. Esse projeto, que às vezes se concretiza por exemplo num refrão, pode se perder nas desigualdades dos elementos melódicos e não chegar a parte alguma. De todo modo, jamais completa sua trajetória sem deixar um rastro sonoro de intenções (direções assumidas ou simplesmente sugeridas) para as quais contribui imensamente a base harmônica. Há, portanto, uma razão para que a melodia desacelerada transporte conteúdos passionais: contém em si tanto os desencontros como o projeto de busca. Ela precisa definir uma direção na tangente das desigualdades e manifestar, assim, a predominância do princípio de alteridade. Cada motivo melódico se justifica como parte de um encaminhamento sintagmático que só estará plenamente definido ao se completar como projeto geral.

Ao contrário da melodia acelerada que cria um espaço interno de identidades temáticas quase autossuficientes e, portanto, propício para a celebração dos encontros, a melodia passional está sempre apontando para um momento futuro de sua evolução que na realidade só se conquista no final da música. A primeira faz do

O SÉCULO DA CANÇÃO

processo musical sua própria finalidade, pois que essa duração é vivida como um período conjuntivo no qual o sujeito se permite saborear a integração com o objeto[3]. A melodia lenta não retira do processo o seu caráter passageiro e ao mesmo tempo dependente do que está por vir. Ela compensa as insuficiências dos motivos isolados com a construção de ricos itinerários. Em outras palavras, a melodia passional precisa dos efeitos de insuficiência gerados por seu processo sonoro para se compatibilizar com letras que também relatam sentimentos de falta.

A segunda parte de *Garota de Ipanema* (terceira sequência) introduz, portanto, algumas variáveis dignas de nota:

(1) desaceleração estrutural do componente melódico

(2) encaminhamento ascendente de seus elementos sonoros

(3) instauração de uma "verticalidade" melódica que desfaz o rigoroso eixo "horizontal" sobre o qual transcorre toda a primeira (e a última) parte.

O alongamento das notas coincide com a suspensão do comportamento temático até então reinante. É como se o "outro" por fim se manifestasse em todo o seu esplendor. A forma desacelerada valoriza cada nota, sobretudo as mais alongadas, desarticulando a progressão em temas e chamando a atenção para a direção do percurso. A integração dos motivos é substituída pela busca praticada em toda a extensão do campo de tessitura que, nesse caso, se consubstancia no movimento ascendente, de início conduzido de forma moderada (terceira sequência) e, em seguida, de forma mais brusca (quarta sequência):

---

3. Essa é mais uma das razões pelas quais esse gênero de música estimula a dança como expressão eufórica do corpo.

3ª sequência

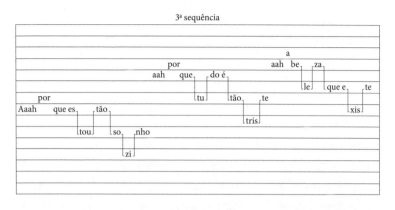

4ª sequência

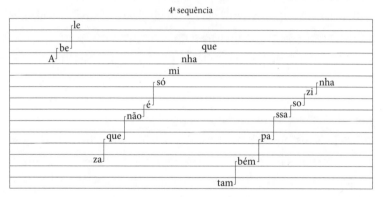

Paralelamente a esse novo tratamento melódico, a letra passa a revelar o sofrimento do enunciador por não encontrar um meio eficaz de atrair a atenção da "garota". Trata-se de um estado passional que responde pela compatibilidade entre melodia e letra[4]:

4. Nem sempre essa compatibilidade provém de uma coincidência temporal entre elementos linguísticos e elementos melódicos como ocorre em *Garota de Ipanema*. Muitas vezes um traço passional melódico só se confirma linguisticamente numa outra etapa da canção ou mesmo na configuração do texto como um todo.

O SÉCULO DA CANÇÃO

Ah, por que estou tão sozinho
Ah, por que tudo é tão triste
Ah, a beleza que existe
A beleza que não é só minha
Que também passa sozinha

Embora permaneça a conjunção a distância entre o enunciador e a personagem – razão pela qual conformam-se os temas melódicos em gradação ascendente na terceira sequência – o aspecto disjuntivo torna-se dominante tanto nas considerações da letra como nas mudanças do comportamento melódico que salientam a alteridade. Por fim, a tendência à "verticalização" do fio melódico atinge o paroxismo na quarta sequência, quando os motivos se desfazem em progressões ascendentes que adquirem formas de escala (cf. diagrama anterior).

Esse é o instante de maior afastamento entre as funções de sujeito (o enunciador) e objeto (a garota), retratado em concomitância pelos recursos linguístico e melódico. Enquanto, na letra, a garota caminha para o mar sem se dar conta dos desejos contidos do enunciador, na melodia, os temas que garantem uma duração conjuntiva cedem lugar aos percursos de busca que, por sua vez, prenunciam, com seus excessos de alteridade, o retorno iminente do refrão. Afinal, trata-se de um gênero predominantemente temático em que os desdobramentos, em última instância, são agentes de valorização da volta ao núcleo.

Realmente, a última sequência retoma a relação inicial da melodia com a letra que, entretanto, se acha, a esta altura, contaminada pelo comportamento passional desenvolvido na segunda parte. Note-se que a gradação a partir das sílabas "...rinho" surge agora invertida, em movimento ascendente ("...rinho" → "graça" → "lindo"), como se já estivesse impregnada do conteúdo passional ou

O NÓ DO SÉCULO: BOSSA NOVA E TROPICALISMO

do sentimento de falta tratados anteriormente. E tal desdobramento melódico encontra-se inserido na estrutura do refrão, afirmando a presença de um estado de disjunção articulado no interior da conjunção (cf. diagrama à página seguinte).

Não podemos deixar de comentar de passagem o tratamento figurativo paralelo a que toda melodia está exposta pelo simples fato de ser emitida pela voz. Concomitantemente aos processos examinados atrás, o enunciador de *Garota de Ipanema* mobiliza também os padrões entoativos que fazem parte integrante de sua competência de falante nativo. Nesse sentido, a tendência descendente das duas primeiras sequências melódicas é fruto da atitude afirmativa adotada pelo enunciador que contempla o movimento da garota. Todas as qualidades físicas atribuídas à personagem, bem como seus efeitos sobre os admiradores, constituem fatos indubitáveis que requerem a forma conclusiva da entoação. A segunda parte (terceira e quarta sequências) introduz um comportamento indagativo, bem representado por expressões como "Ah, por que estou tão sozinho" ou "Ah, por que tudo é tão triste" e compatível com os movimentos ascendentes da melodia que indicam ora a incerteza – e portanto, a falta de convicção – do enunciador, ora a decomposição das células rítmicas (especialmente na quarta sequência) que até então haviam caracterizado a canção. A decomposição dos motivos melódicos é um recurso típico da atuação figurativa: quebram-se as regras musicais em nome da espontaneidade entoativa. O fato de os contornos se elevarem também é significativo do ponto de vista da entoação: há um sentido de continuidade na constatação do enunciador. A indiferença da garota que sempre segue em frente sem dar chance a seu admirador deixa no ar a iminência de algum comentário assinalada pela entoação.

5ª sequência

lindo

graça

Ah besse passa rinho

se ela que quando e o mundo in se enche e fica por causa mor...

sou la tei de mais do a

O NÓ DO SÉCULO: BOSSA NOVA E TROPICALISMO

O retorno à primeira parte, na quinta sequência, restabelece a tendência afirmativa das sequências iniciais, mas com alterações na trajetória melódica: a acentuada elevação da curva sobre a palavra "lindo" faz com que o regresso à região média, na qual vem se processando a "horizontalidade" da tematização, seja percebida como descendência asseverativa. Do ponto de vista da relação entre intérprete e ouvinte, essa propensão para a descendência constitui uma das formas de manifestação dos recursos persuasivos manipulados pelo primeiro com vistas a conquistar a adesão do segundo. Ao produzir afirmações como as da fala, o enunciador está fazendo uso de sua competência figurativa, ou seja, sua habilidade em infletir os contornos melódicos como se fossem entoações linguísticas, de tal maneira que os conteúdos da letra vão se tornando cada vez mais verossímeis.

Essas forças de criação – temáticas, passionais e figurativas –, inscritas por Tom Jobim em *Garota de Ipanema*, representam o que há de mais característico na atividade desses especialistas em unir melodia e letra e que foram se tornando os grandes protagonistas brasileiros do século xx. Para além das definições de gênero (se é samba, bolero, rock, blues, marcha etc.), essas forças, que se consolidaram no país durante o decênio de 1930, acabaram resultando nos estilos de composição e interpretação que possuímos hoje em dia. Alguns artistas especializaram-se em manter a tematização em primeiro plano, relegando os apelos passionais e as remissões figurativas a um plano secundário. Outros, os chamados autores românticos, sempre primaram por subordinar os recursos temáticos e figurativos às estratégias passionais de persuasão do ouvinte. Outros, ainda, se serviram da canção como tribuna para exercer seus dotes oratórios (que nada têm a ver com as práticas solenes dos antigos mestres), atribuindo dominância à produção

O SÉCULO DA CANÇÃO

de figuras entoativas, à criação de modos de dizer em registro popular, que vão da impostação da música de protesto dos anos 1960 até as denúncias incisivas e irreverentes do rap, passando pela malandragem brejeira do samba de breque, em todos esses casos com redução significativa das atuações temática e passional. Mas de maneira geral os cancionistas têm operado com essas três forças, dosando-as de acordo com a intenção de cada obra. *Garota de Ipanema* condensa tudo isso e prepara o terreno para o desenlace do século.

TROPICALISMO

Em outra vertente, a nova geração de "continuadores" da bossa nova intensa já pegaram em movimento o barco da música engajada dos anos 1960 e, por contingência histórica, acabaram se tornando representantes maiores da expressiva luta estudantil travada fora da televisão. Quando participavam dos festivais da Record, compositores como Edu Lobo, Dori Caymmi, Gilberto Gil, Marcos Valle, Chico Buarque, Caetano Veloso e Geraldo Vandré representavam a voz da juventude que não tolerava a ditadura militar e queria o país longe da influência capitalista.

Não há dúvida de que a TV Record, empresa de Paulo Machado de Carvalho, tirava proveito financeiro das investidas dos talentosos compositores sobretudo em época de disputa nos festivais. Entretanto, a verdadeira mina de ouro, que desde 1965 assegurava a liderança de audiência da emissora, era o programa *Jovem Guarda*, comandado por Roberto Carlos. Desprovidos de ideologia doutrinária, os cancionistas do iê-iê-iê seguiam à risca, sem o saber, a ideologia que mais interessava aos patrões: a dos números.

O NÓ DO SÉCULO: BOSSA NOVA E TROPICALISMO

A esta altura, o maniqueísmo próprio da época já tinha sido incorporado pela ala engajada dos artistas contratados. Quem não fazia MPB "de protesto", estava de algum modo a serviço do imperialismo norte-americano, por adoção, omissão ou alienação. Nesta última categoria estava inserida a jovem guarda, adorada pela maioria silenciosa, mas desprezada – quando não hostilizada – pela minoria militante. A participação de Roberto Carlos como intérprete no festival da música popular, incentivada pelos dirigentes da Record, foi motivo de indignação para a chamada "linha dura" da MPB que o recebeu sob vaias e atiçou, assim, a revolta de seus simpatizantes. Afinal, a jovem guarda era uma pálida, mas eficiente, reprodução nacional do rock anglo-americano que já havia produzido mega-artistas como Elvis Presley e os Beatles, exportados para o mundo todo. Mas a força pop da música representante do capitalismo mundial já tinha ido muito além do rock ingênuo do início da década. Em 1968, a cena musical internacional havia sofrido o impacto do álbum *Sargent Pepper's Lonely Hearts Club Band*, havia assistido à ascensão dos Rolling Stones e já estava em plena era hippie consubstanciada em expressões como Jimi Hendrix, Janis Joplin e Joe Cocker.

Dessa efervescência do rock, da contracultura internacional e do quadro dualista que caracterizava a vida política e cultural do Brasil e, muito particularmente, as relações entre os grupos musicais no microcosmo da TV Record, surge o tropicalismo como intervenção. Ou seja, esse movimento também possui uma face intensa que não se confunde com a envergadura da outra face, até hoje presente na produção das nossas canções. Seus representantes mais notórios, Gilberto Gil e Caetano Veloso[5], egressos da mais pura MPB, sentiram

---

5. Tom Zé, Rogério Duprat, Capinan, Os Mutantes e outros foram expressões importantes da fase intensa do movimento tropicalista, mas seus projetos pessoais não

O SÉCULO DA CANÇÃO

a chegada do momento ideal de proclamar a insignificância de nossa ditadura doméstica, tão mesquinhamente prejudicial à população do país, diante da grandeza dos acontecimentos culturais (e sobretudo musicais) do resto do planeta e, principalmente, de denunciar a reprodução invertida do maniqueísmo nacional na ideologia que cercava os consagrados festivais de música (em transferência, a esta altura, da Record para a Globo). Sem se darem conta do que estava ocorrendo, artistas e público, considerados de esquerda, criavam um consenso sobre a forma musical e poética da "verdadeira" MPB, restringindo-se a instrumentos acústicos, ritmos regionais, temas ligados à terra ou mensagens de esperança para um futuro imediato. Admitia-se, no máximo, a dicção do samba tradicional que, de um modo ou de outro, cantava o Brasil. De forma sub-reptícia, e provavelmente inconsciente, estava em curso um projeto um tanto sectário de seleção da música e da estética brasileiras.

Nesse contexto, não foram os discos pessoais de Caetano Veloso e Gilberto Gil e não foi também a obra coletiva, *Tropicália* ou *Panis et Circensis*, os responsáveis maiores pelo impacto da intervenção tropicalista. Esses discos ajudaram sem dúvida a compor o quadro geral de embate do movimento, mas acabaram se consolidando como expressão indiscutível da sua forma extensa e duradoura, aquela que até hoje influencia músicos e artistas do nosso mundo musical. O feito mais sensível da intervenção em si se deu no dia 15 de setembro de 1968, no palco do teatro do Tuca, em São Paulo, durante a apresentação da canção *É Proibido Proibir* por

se confundiam com os de Caetano Veloso e Gilberto Gil. Tom Zé, por exemplo, realizou algo de extrema singularidade que só foi devidamente reconhecido, aqui e no exterior, a partir da última década do século. Voltaremos a isso no último capítulo. Caetano e Gil desenvolviam um projeto extenso, sem solução de continuidade, que resultou na canção de rádio da década de 1970 e no modelo de mistura amplamente incorporado pelas novas gerações de cancionistas.

O NÓ DO SÉCULO: BOSSA NOVA E TROPICALISMO

Caetano, acompanhado pelos Mutantes, em uma das eliminatórias do "III Festival Internacional da Canção". O contexto se completava com a desclassificação, em exibição anterior, da música *Questão de Ordem* de Gilberto Gil.

A Decomposição

Ambas as composições incorporavam em suas letras aspectos do forte movimento estudantil da época, deslocando-os das cenas previsíveis nas quais, em geral, estavam inseridos. *Questão de Ordem* já abordava em seu título a expressão exaustivamente reiterada nas assembleias dos alunos, toda vez que os representantes disputavam a palavra. A seriedade que reinava nesses encontros era tratada pelo compositor sob um enfoque anarquista ("Por uma questão de desordem"), temperado com pitadas de erotização. O compromisso obstinado com a "causa" era substituído pelo impulso em direção aos objetos de desejo ("Quem sair demora / O quanto for preciso / Em nome do amor"). *É Proibido Proibir* referia-se ao movimento estudantil que em maio de 1968 havia feito os automóveis arderem em chamas na capital francesa. O *slogan* que deu nome à canção estava estampado nos muros de Paris, demonstrando a insatisfação dos jovens diante do interminável e já exaurido gaullismo que controlava a nação praticamente desde o término da Segunda Guerra. Caetano fez uso do paradoxo contido na expressão, que pratica aquilo que coíbe, para escancarar a contradição da esquerda brasileira que reproduzia em suas fileiras uma certa censura tácita a todos os trabalhos menos afinados com as "metas revolucionárias".

Portanto, a adoção do mesmo tema geral pelas duas canções serviu para implantar o vírus tropicalista no âmago da cruzada

O SÉCULO DA CANÇÃO

empreendida pela esquerda militante, denunciando o seu caráter unidirecional e, ao mesmo tempo, testando sua capacidade de suportar as diferenças. Os indícios flagrantes dessa postura estavam nas atitudes programadas para o evento: guitarras elétricas, símbolos do pop-rock alienígena, roupas extravagantes e irreverentes pouco compatíveis com o ideal de seriedade da esquerda revolucionária, comportamento ambiguamente sexualizado, formato de happening (gritos, participações inesperadas, intervenções poéticas) etc. Mas a atuação fundamental e menos óbvia sucedeu no plano da própria sonoridade das canções apresentadas: *Questão de Ordem* e *É Proibido Proibir* são casos de decomposição da canção em fala prosaica. A compreensão desse processo nos conduz novamente às características básicas da canção examinadas nas seções anteriores.

Já dissemos que a canção brasileira erigiu-se sobre uma base entoativa sem a qual é difícil conceber a sua história. Dissemos também, com outras palavras, que a formação do compositor popular correspondia à de qualquer falante da língua materna: sabia se expressar com unidades linguísticas e entoativas, naturalmente compatibilizadas entre si. Ou seja, praticava a nossa linguagem coloquial de todos os dias. No entanto, tinha aptidão para extrair dessa fala cotidiana combinações de melodia e letra que mereciam ser preservadas por adquirirem alguma conotação estética. Produziam formas reiterativas, refrãos, gradações regulares e tudo que pudesse contribuir para a memorização do material criado. Sem esses recursos, o material sonoro da fala poderia se perder logo após a transmissão da mensagem.

Todavia, a mesma fala cotidiana que deu origem à canção popular passou a ser, com o correr dos anos, fonte de ameaça aos seus processos de estabilização. Se a efemeridade da fala não fosse suficientemente camuflada no interior da canção por recursos

O NÓ DO SÉCULO: BOSSA NOVA E TROPICALISMO

"musicais" de memorização (fixação das alturas, configuração dos temas rítmicos etc.), a composição final poderia ter o mesmo destino sonoro de nossas conversas do dia a dia: o desaparecimento. Nesse sentido, podemos dizer que os compositores recalcaram, consciente ou inconscientemente, a presença da linguagem oral que, entretanto, independentemente de sua vontade, respondia pela força persuasiva de qualquer canção. Evitaram sempre compor na tangente das entoações puras para não correr o risco de se deixar impregnar por sua instabilidade natural.

Apesar de tudo, a presença indisfarçável dessa linguagem coloquial acaba vazando, como vimos, em sambas estilizados (*Conversa de Botequim*, *Palpite Infeliz* etc.), nos breques dos sambas de breque, em diálogos no interior de canções (*Sinal Fechado*, *Sem Fantasia* etc.), em interjeições ou expressões cotidianas inseridas na música ou em gêneros que a adotam como fator de identidade (rap, hip-hop etc.). Se, em princípio, a composição popular pode ser definida como um processo de depuração e fixação estética da fala cotidiana, o percurso inverso, da canção para a fala, pode ser tomado como um processo de *decomposição* e de mergulho na instabilidade. A prova disso é que composições que permanecem na tangente da linguagem coloquial são de difícil execução do ponto de vista técnico, pois os recursos musicais em si mostram-se insuficientes para o controle de sua imprecisão natural.

Pois bem, as canções de Gilberto Gil e Caetano Veloso atingiram o auge de sua transgressão quando se dissolveram, por assim dizer, em fala. Em *Questão de Ordem*, Gil transportou o tema da assembleia estudantil, com toda a sua carga nacionalista, para o limiar mais histérico do rock internacional, convertendo a sonoridade da letra em gritos de transe que, ao final, se desfaziam numa espécie de agonia em que voz e corpo pareciam constituir

O SÉCULO DA CANÇÃO

um único elemento em decomposição. Só pela atitude, e independente de qualquer avaliação musical, a canção foi sumariamente desclassificada na primeira eliminatória do festival.

É Proibido Proibir, embora estivesse inserida no mesmo contexto anárquico da primeira, reforçado pelas afrontas do intérprete Caetano Veloso e do som intensamente eletrificado dos Mutantes, apresentava um perfil melódico mais "amistoso", entre a marchinha e o iê-iê-iê, o que tornou viável sua classificação inicial, apesar dos veementes protestos do público. Na segunda apresentação, sob vaia incessante da plateia engajada com a música de definição ideológica – Geraldo Vandré era então o modelo a ser seguido –, Caetano Veloso canta até um determinado ponto, a partir do qual desfere um longo pronunciamento sobre os conflitos envolvidos naquele exato momento, a atitude esteticamente conservadora dos adeptos da revolução política, a semelhança dos métodos truculentos utilizados pela direita e pela esquerda, a incompetência e pouca isenção dos membros do júri para fazer as escolhas certas etc. Esse extenso "breque", que mergulha o compositor nas entranhas da linguagem oral, acaba determinando a impossibilidade de retorno ao canto. Ao tentar retomar a melodia da música, a voz de Caetano – que a esta altura mal ouvia o som dos instrumentos – titubeia nas afinações, até que adota de vez as inflexões da fala e se situa propositadamente "fora do tom" e da melodia. Este é o ponto central da dissolução tropicalista que se traduziu em decomposição da própria canção em instabilidades próprias da linguagem cotidiana. O compositor ofereceu a obra em holocausto para denunciar um estado de coisas que se tornara insustentável.

Essa intervenção tropicalista teve sua contrapartida 25 anos depois com o lançamento, pelos dois expoentes do movimento, do CD *Tropicália 2*. Agora, vivendo em plena democracia, o Brasil precisava demonstrar que tinha capacidade para equacionar os próprios problemas e corrigir as incontáveis distorções, quando não perversões e vícios, que mantinham o país na retaguarda da nova ordem mundial. Os compositores perfizeram então a trajetória inversa: iniciaram o disco com a fala crua em ritmo de rap (*Haiti*) e saíram em busca de "espaços" de ordenação representados por longas durações vocálicas estáveis presentes em refrãos (como no caso do próprio *Haiti*) ou em composições integrais (como em *Aboio* ou *Desde que o Samba É Samba*). A direção se invertera: agora era da decomposição (a fala) para a composição (o canto).

A Assimilação

O projeto extenso do tropicalismo define-se pela *assimilação*. Trata-se aqui de um gesto de longo alcance, desses que vieram para ficar, mas que também teve origem no contexto específico retratado anteriormente. Já deixamos entender que houve um momento na TV Record em que a MPB engajada acolhia ou desqualificava uma produção pelo coeficiente ideológico apresentado. A consequência imediata dessa avaliação, geralmente dualista, era a exclusão conduzida por um processo de depreciação dos artistas pouco comprometidos com a "causa". Mas a atmosfera geral da exclusão podia ser absorvida em diversas frentes que ocupavam a cena do período.

Os festivais, por exemplo, sempre tiveram o propósito explícito de revelar novos talentos, abreviando trajetórias artísticas que, de outro modo, seriam longas e árduas. Sua lógica, porém, é regida por um princípio perverso, normalmente acatado como natural e inevitável, que se resume na seleção e eliminação de criações

O SÉCULO DA CANÇÃO

musicais. Para uma pequena parcela de canções eleitas, numerosas outras são excluídas por critérios duvidosos, algumas vezes afinados com o gosto do público. O esforço tácito dos organizadores dessas competições é sempre o de enaltecer os eleitos e de camuflar, ou pelo menos diluir significativamente, o processo natural de exclusão. Enquanto conseguem manter esse sistema – como se deu nos primeiros anos da experiência na TV Excelsior e na TV Record de São Paulo – as respostas, artística e comercial, são as melhores possíveis.

Quando a prática da exclusão começa a transpirar a ponto de concorrer com a prática de seleção do concurso, o sistema todo tende a entrar em colapso – no limite, os excluídos tomam o lugar dos eleitos. Tudo indica que a falência dos festivais começou quando os selecionados passaram a dividir a atenção do público com os eliminados. A desclassificação de *Questão de Ordem* e o *affaire* É Proibido Proibir tiveram papel especialmente relevante nesse processo.

Esse princípio de exclusão camuflada que, em circunstâncias mais brandas, representaria apenas uma exigência inerente a qualquer atividade competitiva, naquela passagem turbulenta dos anos 1960 aos 1970, mas sobretudo após a edição do famigerado AI-5, começou a refletir, de algum modo, a ideologia das seleções e eliminações sumárias, que tomara conta de todos os discursos político-ideológicos do país: não apenas a exclusão oficial – a que trouxe benefícios econômicos (o "milagre") a pouquíssimos eleitos e manteve calada a massa restante dos "desclassificados" –, mas também alguns gestos das forças de oposição, que viam no certame uma grande oportunidade, com repercussão nacional, de formar uma frente ideológica de combate à impostura militar.

No âmbito dos festivais, esse comportamento de exclusão foi adotado pelo público de modo geral que, entre outras in-

O NÓ DO SÉCULO: BOSSA NOVA E TROPICALISMO

vestidas contra os artistas participantes, não permitiu a Sérgio Ricardo que apresentasse a sua rejeitada canção *Beto Bom de Bola*, e pela esquerda em particular, cujos representantes, na maioria procedentes da área estudantil, deram as costas a Caetano Veloso durante sua execução de *É Proibido Proibir*. A exclusão, na verdade, estava no ar, como fruto da mentalidade maniqueísta do momento que impedia a apreciação desinteressada dos artistas e de suas obras. A tela ideológica cegava a crítica (tanto a leiga como a profissional), impondo-lhe um olhar prevenido, às vezes preconceituoso, e desorientava os próprios artistas na condução de suas carreiras. O espírito de exclusão potencializava a rivalidade natural entre os nomes já consagrados, como se o sucesso de um abalasse necessariamente a posição conquistada pelo outro. Não podemos esquecer também que nos reportamos a um período em que normalmente os jovens atingiam o estrelato com vinte e poucos anos em média. Não é difícil compreender que "naturalizassem" com certa ligeireza o mecanismo de exclusão: ou música engajada ou música alienada; ou MPB ou jovem guarda.

Outras condutas exclusivistas próprias da época poderiam ser lembradas como fatores que não determinaram, mas atiçaram a intervenção tropicalista. Pensemos no caso da supercantora Elis Regina que, ao chegar de sua primeira viagem artística à Europa e encontrar o incipiente mercado de disco brasileiro totalmente voltado para o sucesso estrondoso da Jovem Guarda, investiu-se contra a "baixa qualidade" da música e do programa de Roberto Carlos como se seu lugar tivesse sido usurpado por algo pouco meritório[6]. Pensemos no gelo imposto a Jorge Ben, ainda em início de carreira, por ter incorporado em seu

---

6. Pouco depois, Elis reconciliou-se ao vivo com Roberto Carlos.

O SÉCULO DA CANÇÃO

samba batidas da música negra que entraram na composição do eletrificado rock n'roll norte-americano. Pensemos ainda na chamada "passeata contra a guitarra" que a frente ampla da MPB – com a anuência, inacreditável em vista do que ocorreria pouco depois, de Gilberto Gil – realizou contra o iê-iê-iê e, por fim, no gesto de Geraldo Vandré, porta-voz do protesto estudantil, que, embalado pelo impacto da vitoriosa canção *Disparada*, externou com todas as letras o projeto exclusivista da facção protesto da MPB. Caetano Veloso, em seu *Verdade Tropical*, revela que o compositor tentou convencer Guilherme Araújo, empresário fortemente identificado com o movimento tropicalista, a concentrar suas energias na consagração de um nome artístico como o dele (Vandré), sintonizado com a música hispano-americana participante e talhado para o momento histórico que o Brasil atravessava, já que o mercado, segundo o compositor de *Caminhando*, só digeria um expoente artístico de cada vez[7]. Com isso, em acréscimo à habitual exclusão de toda a "música alienada" (jovem guarda, baladas e rocks internacionais, sambas passionais e bossa nova), Vandré propunha, provavelmente acreditando com sinceridade nas próprias ideias, a exclusão de qualquer outro movimento, ainda que fosse, como o tropicalismo, oriundo do mesmo cerne da MPB.

Essas práticas de exclusão que dominavam todas as frentes políticas, de direita ou de esquerda, e que se fizeram sentir nos "ambientes de festival"[8], constituíram o inimigo comum que faltava

---

7. Cf. Caetano Veloso, *Verdade Tropical*, pp. 280-282.
8. *Ambiente de Festival* é o nome da gravação que consta do lado B do compacto *É Proibido Proibir* lançado por Caetano Veloso em 1968, na qual podemos ouvir o famoso discurso do compositor dirigido à plateia que ruidosamente o repudiava.

O NÓ DO SÉCULO: BOSSA NOVA E TROPICALISMO

para a deflagração do tropicalismo, cujas linhas de ação já vinham sendo traçadas em algumas produções e atitudes de seus principais representantes. Configurou-se então a ideia de que a canção brasileira se alimenta de todas as dicções musicais circulantes no país e que, em princípio, nada deveria ser excluído.

Como Caetano Veloso e Gilberto Gil sempre foram profundos admiradores da bossa nova de João Gilberto e Tom Jobim, é de se supor que já intuíam naquele momento a necessidade de uma atitude que complementasse a contribuição fundamental desses dois músicos. A bossa nova havia neutralizado alguns excessos na canção brasileira – particularmente o excesso passional que tomara conta da música popular nos anos 1950 – e havia chegado a uma espécie de canção absoluta, interpretada com ritmo, harmonia e volume de som precisamente calculados para a audição da compatibilidade entre melodia e letra. Havia, portanto, promovido em nossa música popular a importante triagem estética que, aliás, se tornou para sempre um modelo de saneamento do repertório nacional.

Ao tropicalismo caberia, portanto, promover a mistura ou, em outras palavras, salientar que a canção brasileira precisa do bolero, do tango, do rock, do rap, do reggae, dos ritmos regionais, do brega, do novo, do obsoleto, enfim, de todas as tendências que já cruzaram, continuam cruzando ou ainda cruzarão o país em algum momento de sua história. Aparentemente irresponsável – ou até leviano – pela falta de critério seletivo, na verdade o gesto tropicalista pressupõe o gesto bossa-nova. Aquele assimila enquanto este faz a triagem. Ambos são gestos extensos que tendem a perdurar na cultura brasileira como dispositivos de regulagem da nossa produção musical.

209

O SÉCULO DA CANÇÃO

De todo modo, ambos os movimentos tiveram sua fase heroica de intervenção histórica, quando esses parâmetros de triagem e mistura foram introduzidos pela primeira vez de maneira consciente[9]. A bossa nova abriu a década de 1960 realizando a concatenação dos elementos essenciais que definiam até então o repertório nacional; o tropicalismo a encerrou incumbindo-se da decomposição e proliferação das linhas de atividade cancional. Nesse sentido, consideramos que esses dois movimentos responderam, respectivamente, pelo enlace e desenlace do nó do século.

Canção Pop

Quando nos reportamos à bossa nova ou ao tropicalismo, nosso imaginário convoca imediatamente as cenas de intervenção dos dois movimentos, cujas condições históricas e artísticas há muito tempo deixaram de existir. Tal efeito de obsolescência fez com que os expoentes da música brasileira do final do século rejeitassem, de maneira geral, toda sorte de ascendência desses antigos projetos sobre a música que então desenvolviam. De fato, as razões que determinam o surgimento de uma nova dicção, de um novo estilo, ou mesmo de um movimento congregando diversos representantes, jamais se reproduzem em períodos diferentes. Nunca se pode pensar, portanto, em um renascimento da bossa nova ou do tropicalismo.

---

9. Referimo-nos à consciência de que a canção tornara-se uma linguagem estética com influência decisiva na sociedade brasileira. Os termos triagem e mistura constituem, como já vimos, recursos para a análise retrospectiva de ambos os movimentos.

O NÓ DO SÉCULO: BOSSA NOVA E TROPICALISMO

Isso não significa, por outro lado, que gerações posteriores às manifestações culturais de grande alcance, como foram os movimentos citados, possam proclamar imunidade absoluta a todas as marcas deixadas por seus antecessores. A influência nem sempre é direta e quase nunca é consciente. No caso da canção, o que vem da bossa nova e do tropicalismo já está nas linhas sinuosas das composições, em sua lírica, em suas metáforas e até em suas atitudes extramusicais. A isso chamamos dimensão extensa, específica desses dois fenômenos culturais – ambos centrados no formato melodia-letra / arranjo –, que sobrevive em nosso meio musical como gestos artísticos decisivos, inerentes à atividade do cancionista brasileiro: o gesto da triagem e o gesto da mistura. Se cotejarmos, por exemplo, a mencionada mistura promovida pelo tropicalismo com a definição, consolidada em fins dos anos 1990, de música pop, encontraremos mais do que simples coincidências: "Atualmente pesquisadores e estudiosos chamam de *pop* toda música acessível e comercial, aberta a influências as mais variadas possíveis, da música erudita ao baião, do bolero à canção napolitana, do ragtime ao próprio rock and roll, lançada em discos, partituras, rádios ou outros meios de comunicação de massa, qualquer que seja a época ou o estilo do artista"[10].

O projeto implícito (e extenso) do tropicalismo, aquele que redesenhava o modelo da "canção de rádio" das décadas subsequentes[11], fundava aquilo que viemos a reconhecer depois como música pop nacional. Embora esse termo sempre estivesse associado, na tradição anglo-americana, às fórmulas musicais

---

10. Entrada "pop" na *Enciclopédia da Música Brasileira: Popular, Erudita e Folclórica*, 2ª ed., São Paulo, Art Editora / PubliFolha, 1998, p. 637.
11. Tratamos do projeto implícito do tropicalismo em *O Cancionista*, pp. 275 e ss.

O SÉCULO DA CANÇÃO

concebidas para um consumo imediato – e esse sentido mantém-se inalterado no âmbito da nova definição –, aos poucos seu campo semântico foi incorporando também o traço da mistura, à medida que a sonoridade brasileira se deixava impregnar pelo gesto tropicalista extenso. Assim, não contando com um termo mais genuíno (e talvez pelo próprio desgaste do conceito de genuinidade na cultura brasileira após a efervescência dos anos 1960), arriscamos a adotar o termo pop para caracterizar essa canção pós-tropicalista que toma conta das rádios a partir dos anos 1970 e que se descaracteriza como gênero. Claro que o samba persiste na voz de grandes nomes (Clara Nunes, Paulinho da Viola, Martinho da Vila, Beth Carvalho etc.), mas perde o *status* de modo de dizer por excelência da música brasileira. É através da canção pop que os autores e intérpretes passam então a exercitar suas habilidades temáticas, passionais e figurativas, pouco importando a procedência das formas utilizadas, o que abre o nosso horizonte sonoro para o acolhimento do rock – de Rita Lee e Raul Seixas ao rock nacional dos anos 1980 – como música perfeitamente brasileira.

Pode-se dizer que até a bossa nova o Brasil correu atrás de si próprio, em busca da decantação do que lhe era essencial, do que o distinguia como nação e, consequentemente, como sonoridade autêntica. Nesse anseio de triagem, chegou ao samba, forma complexa que atinge o auge de elaboração no período bossa-nova. Para desatar o nó do século, durante o decênio de 1960, os novos protagonistas da canção, depois de várias tentativas de aprofundamento do olhar interno – retomando um certo ruralismo em tom de protesto e implantando uma ideologia sob a sigla MMPB – assumem, por fim, a necessidade de dar uma resposta muito mais ampla ao que vinha acontecendo com a canção po-

O NÓ DO SÉCULO: BOSSA NOVA E TROPICALISMO

pular no Ocidente. Não era mais possível ignorar o power pop, consubstanciado na impressionante carreira dos Beatles, que transformara o mundo da canção em palco de esperança para um enorme contingente de jovens, cada vez mais afastado dos valores da geração pós-guerra.

A canção pop brasileira surge então impregnada desses traços da cultura – incluindo especialmente a contracultura – ocidental que sugeriam, na virada dos anos 1960 aos 1970, formas independentes e alternativas de convivência com a inexorável realidade capitalista, além da necessidade urgente de reformulação dos anseios ideológicos do século, até então consolidados no confronto da "direita" com a "esquerda". Afinal, na música pop anglo-americana, de Bob Dylan a John Lennon, os apelos humanos e críticos mais penetrantes procediam de vozes cujo vigor e alcance haviam sido assegurados pela poderosa indústria do disco e do *show biz*. Assumir contradições como essa era o primeiro passo para reapresentar os desafios da época em outras bases.

Daí a importância de canções que hoje parecem muito simples, mas que à época cumpriam a função de libertar os compositores das utopias revolucionárias e de convidá-los a uma interação imediata com os estímulos, a um só tempo instigantes e estonteantes, da nova sociedade de consumo. Canções como *Alegria, Alegria, Ai de Mim, Copacabana, Superbacana* (Caetano Veloso) ou *Parque Industrial* (Tom Zé) adotavam um tom ambíguo – de adesão e desprezo – em relação a esses estímulos. Apresentavam uma espécie de essência do supérfluo ao lado da superfluidade do essencial, preservando, nos dois casos, a independência ideológica do "eu". Essas manobras artísticas exigiam da crítica contemporânea uma ginástica interpretativa de tal ordem que raramente encontravam

O SÉCULO DA CANÇÃO

a ressonância necessária nos espaços da imprensa destinados à música popular. Felizmente, alguns representantes da área literária, em especial Augusto de Campos, perceberam o alcance do projeto ainda no calor da hora e instauraram sobre ele um plano elevado de reflexão que foi se aprofundando nos anos posteriores[12]. Afinal, era necessário distinguir as canções da jovem guarda, criadas em série para o consumo – o que não impedia o bom acabamento de grande parte de sua produção – das canções tropicalistas que reconstruíam em suas letras os emblemas do consumo, sempre numa inter-relação particular com o enunciador e o ouvinte. Falava-se frequentemente de uma ironia dos líderes baianos no tocante à inclusão dos signos comerciais. Mas o desenvolvimento do projeto – concebido no curso de sua própria execução – foi revelando objetivos bem mais amplos do que a simples intervenção crítica. As características do pop internacional (Beatles, Stones, Hendrix) e do nacional (Roberto e Erasmo Carlos, Jorge Ben, Tim Maia) foram se instalando no próprio artesanato das composições tropicalistas, chegando a substituir aquisições que pareciam definitivas no universo mais requintado da música popular brasileira: em vez das cuidadosas evoluções harmônicas da bossa nova, adotadas em parte pela MPB de Chico Buarque e Edu Lobo, o novo movimento só precisava das escalas e acordes básicos para a invenção de melodias evocatórias do mundo pop e de um imaginário mais viçoso, fora do âmbito de interesse da MPB, para extrair letras realmente inusitadas.

---

12. Duas obras de peso desencadearam o pensamento – hoje muito explorado – sobre o tropicalismo: a já citada *O Balanço da Bossa e Outras Bossas*, de Augusto de Campos e *Tropicália: Alegoria, Alegria* (Ateliê Editorial), de Celso Favaretto.

BABY

Uma canção pop típica do tropicalismo extenso, e que de algum modo tornou-se modelo espontâneo de boa parte do repertório criado nas décadas seguintes, foi *Baby* de Caetano Veloso.

Se a simplicidade musical do iê-iê-iê de Roberto Carlos em nada lembrava as soluções avançadas que a bossa nova propôs ao samba, a comparação do modo de compor rocks no formato da jovem guarda com o modo de compor marchinhas no formato carnavalesco não era totalmente descabida. O emprego de acordes consonantes e as oscilações exclusivamente diatônicas da melodia eram pontos em comum que aproximavam os dois artesanatos e produziam uma certa ambiguidade na audição final. Por trás do pop "comercial", como era visto o iê-iê-iê típico, havia o pop brasileiro tradicional – a marchinha sempre foi mais pop que o samba – que lhe dava certa autenticidade. Não importa o quanto esse aspecto era consciente na produção de Caetano. O fato é que *Alegria Alegria*, que já flertava com a jovem guarda, trazia a chancela da marcha (talvez por flertar também com *A Banda* de Chico Buarque), *É Proibido Proibir* iniciava-se com sinais da marcha que depois se dissipavam e *Baby* conservava no arranjo de Rogério Duprat uma levada mais lenta de marcha – algo em torno da marcha-rancho – que "zelava" por sua feição de música brasileira. No entanto, seu diálogo principal era nitidamente travado com a canção pop norte-americana. Nem a melodia, nem a letra, nem o título da composição escondiam esse propósito. Mas focalizemos alguns de seus aspectos.

Alternando tônica e subdominante (por exemplo, LÁ e RÉ), *Baby* apresenta uma tendência melódica vertical ascendente desde os primeiros motivos:

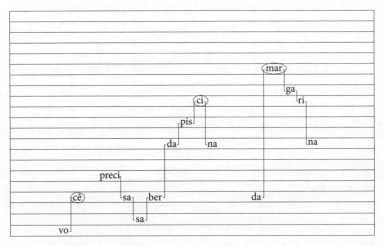

Essa tendência atinge o apogeu no refrão, quando os motivos são inteiramente transpostos para a região aguda do campo de tessitura:

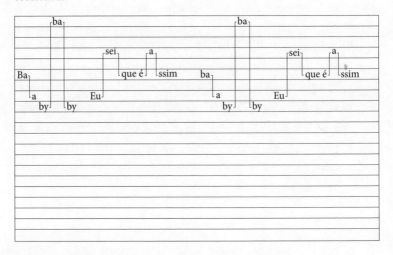

A exploração da verticalidade decorre justamente da opção pela imobilidade harmônica. Ao contrário de *Garota de Ipanema*, em que os motivos da primeira parte pouco se alteram, entregando o progresso melódico aos efeitos do movimento harmônico, *Baby* expande seus contornos pelos graus da gama diatônica para compensar a atuação parcimoniosa dos acordes. Mesmo não havendo evolução harmônica expressiva, o tratamento ascendente, dentro de um pulso mais vagaroso, convoca as tensões passionais da falta, como se a trajetória percorrida já denotasse em si o esforço da busca. Desde já, portanto, delineia-se uma correspondência desse componente melódico com os aspectos de carência fartamente salientados na letra pela expressão "você precisa". Ao mesmo tempo, esse esquema de elevação gradativa, culminando no refrão, evoca um padrão do pop-rock anglo-americano que se manifesta integralmente na composição *Diana*, cujo coro principal Caetano incorpora como contraponto ao de *Baby*. O *hit* de Paul Anka também retrata as dificuldades e necessidades de realização de um amor pouco provável, pela diferença de idade entre os personagens ("I'm so young and you're so old"), e adota uma evolução melódica que cresce em altura até atingir a primeira nota do refrão.

Mas ao pop-rock jovem nunca falta a junção, mesmo que só se apresente à distância, como satisfação futura de um desejo (ou satisfação passada de uma saudade). Em *Diana*, temos o caso típico da esperança do encontro: "You and I will be as free / As the birds up in the trees". Em *Baby*, apesar das necessidades alardeadas, já há junção e plenitude desde o presente: "Não sei / Comigo vai tudo azul / Contigo vai tudo em paz...". De resto, só há diferenças na concepção tanto das letras como das melodias dessas duas composições. A primeira traz versos ingênuos e explícitos, associados a um comportamento musical que prima pela disposição simétrica das frases cantadas. A outra exibe um texto com ambiguidade ideológica, repleto de referências às circunstâncias culturais (e contraculturais) do tropicalismo, e um comportamento melódico essencialmente inabitual, ainda que mantenha pontos de citação e de afinidade com o iê-iê-iê e o rock – "puro" e comercial – dos anos dourados.

Em lugar da recorrência de motivos que se expandem horizontalmente, sem dilatação no campo de tessitura, o que seria procedimento típico de uma canção temática, a estrutura melódica de *Baby* prevê a reiteração de módulos "verticais", dotados de amplos intervalos entre as notas:

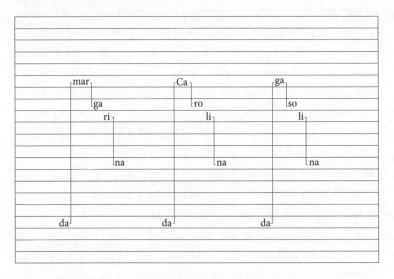

A ambivalência do recurso está justamente na ação simultânea da tematização e a passionalização: a reiteração motívica, indicando conjunção entre temas melódicos, compatível com a enumeração de elementos de mesma classe na letra[13], e a elevação passional de cada módulo, assinalando tensões de carência e, portanto, de disjunção. O efeito produzido por essa sequência virou marca de *Baby* em razão sobretudo de seu destaque no arranjo elaborado por Rogério Duprat.

Esse tratamento melódico se reproduz no refrão. A emoção é assegurada pela ampliação imediata do intervalo que separa as sílabas da palavra "ba-by" no ponto mais alto do campo de tessitura:

Entretanto, a repetição do segmento integral, característica imprescindível de qualquer refrão, acaba submetendo, mais uma vez, o ímpeto passional à matriz temática que promove a junção dos elementos e, por extensão, os sentimentos eufóricos a ela associados:

---

13. Na verdade, os elementos "piscina", "margarina", "Carolina" e "gasolina" são propostos pelo tropicalismo como pertencentes à mesma classe.

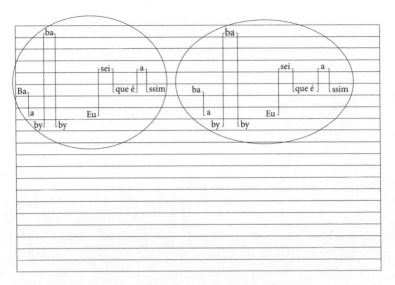

Dá-nos a impressão, até aqui, de que as curvas passionais constituem fenômenos intensos englobados pela extensão temática e de que esta sim seria a responsável pelo sentido principal da composição. Ou seja, os contornos que evocam as "necessidades" expressas na letra estariam a serviço das interrogações motívicas que indicam "completude" melódica. Realmente, essa relação está presente em *Baby* e pode ser depreendida num primeiro estágio de sua análise. Se retomarmos, porém, a forte tendência à já destacada verticalização das inflexões do canto, e a reexaminarmos no quadro mais amplo de andamento desacelerado no qual se manifesta, veremos que, em alternância com a evolução melódica controlada pela tematização, existe a expansão plena dos motivos pelo campo de tessitura (do nível mais grave ao mais agudo), o que delineia ao mesmo tempo um percurso de busca. As duas sequências que expomos à próxima página esclarece todo esse processo:

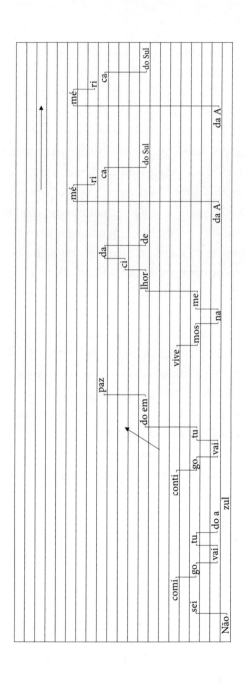

O SÉCULO DA CANÇÃO

O contraste entre a entoação assertiva dos versos "Não sei / Comigo vai tudo azul" e a projeção para o agudo do verso subsequente, "Contigo vai tudo em paz", assinala a intensificação do elemento passional que, por sua vez, se restringe à configuração dos motivos melódicos individuais. Isso pode ser confirmado, logo a seguir, pela estabilização do processo como um todo na reiteração "horizontal" da melodia sobre os versos "da América do Sul, da América do Sul / Você precisa, você precisa, você precisa" (cf. setas). Mas não é esse o ponto de chegada. A melodia retoma o ponto mais grave inicial e, agora sim, percorre literalmente toda a extensão de tessitura até chegar ao agudíssimo do refrão. A primeira orientação, ao se converter em *involução* temática, ressoa os traços conjuntivos salientados na letra: "Comigo vai tudo azul / Contigo vai tudo em paz / Vivemos na melhor cidade / Da América do Sul...". A segunda, ao se expandir em *evolução* passional[14], simula cumprir uma trajetória em direção ao que falta e, com isso, responde às evocações disjuntivas da letra: "Você precisa...". E é no ponto crucial da passionalização melódica, no seu nível mais tenso, que a letra revela a conjunção ("I love you"), como se reconhecesse no itinerário percorrido o bom caminho, aquele que atenua o sentimento de falta e pode desembocar num estado de satisfação. Uma asseveração melódica pouco ortodoxa – combinando função conclusiva com perfil suspensivo, ambos praticados na região aguda – recobre o verso final "Baby, baby, I love you" e completa assim o cenário ambivalente de carência e plenitude que caracterizou esta composição em todas as suas fases:

---

14. Desenvolvemos os conceitos de *involução* e *evolução* no âmbito melódico no volume *Semiótica da Canção: Melodia e Letra*, São Paulo, Escuta, 1994, p. 77.

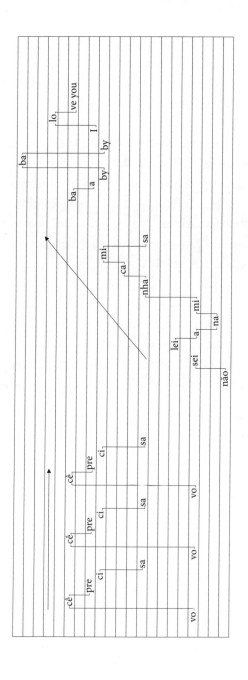

O SÉCULO DA CANÇÃO

Essas breves observações descritivas já permitem antever o perfil da nova canção cujo estilo se propagaria na década de 1970. Num primeiro momento, o modo de dizer de *Baby* liberta a canção da fisionomia MPB cultivada nos anos 1960 e, em especial, da canção de protesto que se arvorava de representante do repertório "correto" naqueles anos de ditadura. Também a liberta de qualquer noção de "linha evolutiva"[15] que elegesse a bossa nova como precursora imediata e o samba como paradigma de nacionalidade. Ao mesmo tempo, mantém-se a meio caminho da canção pop nacional e internacional: convoca seus signos comerciais, adota algumas de suas inflexões melódicas, mas conserva uma âncora na marcha e produz compatibilidades entre melodia e letra totalmente afastadas dos padrões anglo-americanos[16]. Lança a prática da justaposição de versos, que dispensa o até então necessário liame narrativo ou discursivo entre eles e atrela a força de cada unidade à expressão entoativa correspondente. Esse último procedimento, por exemplo, foi se generalizando pouco a pouco e, ainda no decênio de 1970, tornou-se estilo de grandes compositores como Luiz Melodia e Djavan.

15. A despeito do emprego dessa expressão pelo jovem Caetano Veloso para definir o tipo de criação que lhe interessava retomar no período que sucedeu a bossa nova. Ver sobre isso histórica entrevista do compositor concedida à *Revista Civilização Brasileira*, em maio de 1966, quase dois anos antes da produção de *Baby*.

16. Ao contrário do iê-iê-iê que sempre procurou se identificar plenamente com o pop internacional de consumo, a ponto de preferir muitas vezes interpretar versões em português daquele repertório.

O DESENLACE:
O LEQUE DAS DICÇÕES

Anos 1970

Quando nos debruçamos, retrospectivamente, sobre a incontrolável ebulição cultural que atingiu todo o mundo durante os anos 1960, somos forçados a reconhecer que qualquer década que viesse depois dessa ficaria atônita diante dos desafios ali propostos. Não por acaso, foi escolhida a década de 1970, bem menos "nervosa" que a anterior e mais preparada, para dar vazão às tensões que, de modo implacável, vinham então se acumulando. De fato, uma das formas de compreensão dos anos 1970 é vê-los como fase de distensão, desdobramento e reacomodação dos impactos criados no famoso decênio.

Foi a nova mentalidade urdida nos tempos tropicalistas que, após uns quatro anos de "tenebrosas transações" – das quais resultaram baixas, exílios, perseguições e outras atitudes obscurantistas de triste memória –, vingou na música popular dos anos 1970: a música sem fronteiras rítmicas, históricas, geográficas ou ideológi-

O SÉCULO DA CANÇÃO

cas. Os limites impostos pela censura ainda vigente, cujos contornos e critérios tornavam-se cada vez mais grotescos, chegavam a prejudicar significativamente o trabalho de alguns autores – o caso mais notório era o de Chico Buarque –, mas ao mesmo tempo davam margem a uma série de manobras criativas que ludibriavam os encarregados e acabavam chegando aos ouvidos do público. De todo modo, a maior parte dos artistas já não se preocupava mais com censura ou com projetos estéticos ou ideológicos. Algo que era apenas incipiente na década anterior vinha se tornando, gradualmente, o grande parâmetro para todas as produções: o mercado de consumo. Longe dos parâmetros subjetivos adotados na era dos festivais, agora eram as leis frias do mercado que determinavam os eleitos e os excluídos.

O término da era dos concursos coincidiu com o declínio da Record como emissora especializada em eventos musicais. A audiência dos shows televisivos migrava cada vez mais para as novelas da TV Globo, até que os programas musicais abandonaram de vez a telinha. A partir daí, a seleção de canções passou a atender aos propósitos dos produtores das telenovelas, gerando um sistema de encomenda ou de aproveitamento de composições compatíveis com os temas da dramaturgia. Mas a grande massa das canções retomou seu lugar nas emissoras de rádio e a relação gravadora/ mídia virou uma instância todo poderosa na qual só penetravam os previamente eleitos: nomes já consagrados na década anterior, artistas que apresentassem potencial para fundar um estilo (Novos Baianos, Ivã Lins, Secos e Molhados, Fagner, Lulu Santos) ou figuras forjadas no interior da própria gravadora para atingir o grande público (Benito de Paula, Agepê, Luiz Airão). Diferentemente da época dos festivais, não se tinha mais acesso aos excluídos.

Nesse sentido, os anos 1970 apresentaram poucas revelações. Algumas honrosas exceções, como Djavan por exemplo, galgaram

O DESENLACE: O LEQUE DAS DICÇÕES

à notoriedade valendo-se justamente dos festivais (neste caso o "Festival Abertura" da Globo) que, de quando em quando, eram reabilitados pelas emissoras de televisão. Outras, como Raul Seixas, Novos Baianos, ou mesmo Secos e Molhados, surgiram, em pleno dilúvio repressivo da era Médici, como herdeiros da luta tropicalista contra a exclusão. Misturavam o som elétrico do rock com ritmos tipicamente nacionais (frevo, choro, samba) e até com a dicção "brega" que sempre esteve presente na canção romântica latino-americana. Desde que chegassem a um produto comercial e não se esmerassem em mensagens políticas esses músicos sentiam-se "livres" em sua produção.

Mas a década primou mesmo por consolidar a libertação da canção dos gêneros rítmicos predefinidos. A conduta de assimilação contumaz das dicções, que surgira como prática tropicalista, passou a caracterizar naturalmente o trabalho de criação de boa parte dos cancionistas. Em vez de produzir um samba, um blues, um baião ou um rock, o compositor propunha diretamente um modo de dizer melódico que só mantinha compromisso com a própria letra. Por exemplo, as figuras rítmicas que conduziam a melodia de *Construção*, de Chico Buarque, estavam bem mais associadas ao modo ritualístico de dizer a letra do que às divisões típicas do samba: a percussão de fundo que fazia alusão ao gênero não procedia da sugestão melódica. Assim também, *Tigresa* de Caetano, *Faca Amolada* de Milton Nascimento, *Refavela* ou *Realce* de Gilberto Gil, estavam longe de se filiar a um gênero definido, mas todas conduziam com perfeição tanto o conteúdo da letra quanto a sua divisão silábica.

Como já vimos, a canção foi em todas as épocas um modo de dizer, só que essa função, em geral, concorria com os apelos do gênero. Para satisfazer à quadratura rítmica ou à forma típica de

O SÉCULO DA CANÇÃO

um samba ou um rock, muitas vezes as composições esvaziavam o conteúdo da letra, como se a transparência do gênero fosse suficiente para qualificar o trabalho. E não se pode negar que numerosos sambas que falam apenas do próprio samba – o samba-samba – e de suas metonímias (batucada, cavaquinho, morenas etc.) constituam soluções antológicas na história da canção. Mas utilizar cada composição para deixar um recado[1] de ordem existencial, conceitual, comportamental, enfim, essencial, representa um outro modo de encarar a melodia e, consequentemente, de se relacionar com a letra. Noel Rosa, por exemplo, sempre foi um destaque entre seus pares, em grande medida por jamais se limitar à transparência do gênero. Sua melodia estava sempre fazendo valer a experiência relatada no texto.

Pois nos anos 1970 essa tendência tornou-se predominante. Ainda que alguns grandes nomes, como Paulinho da Viola, Martinho da Vila, Clara Nunes, João Nogueira e outros, figurassem como baluartes da canção de gênero – o que nem sempre os afastava dessa tendência: Paulinho e Martinho, artistas de permanência, sempre fizeram de seus sambas um modo de dizer exemplar – a maior parte dos cancionistas queria consignar sua experiência em forma de canção.

Chico Buarque, entre outras atuações de destaque, desenha uma melodia suspensa para encaminhar a pergunta brasileira da década: "o que será que será?" Gilberto Gil dirige suas melodias para expressar uma dança de contrastes culturais que atravessa os anos 1970 e 1980 até desembocar no *Parabolicamará*, em 1991. Caetano Veloso melodiza sua própria existência entre o universal e o singular, o fundamental e o prosaico, entregando-se aos mais

1. José Miguel Wisnik caracteriza a música popular como uma rede de recados em texto de 1980, dedicado justamente aos anos 1970 (cf. A. M. Bahiana, J. M. Wisnik e M. Autran, *Anos 70 – Música Popular*, Rio de Janeiro, Europa, p. 8).

228

O DESENLACE: O LEQUE DAS DICÇÕES

variados modos de dizer. Jorge Ben Jor usa a força melódica para convencer – e convence – a todos do valor mítico de seus personagens de gibi. Gonzaguinha chega à melodia ideal para a manifestação de sentimentos que explodem corações. Rita Lee, por sua vez, explode com melodias que celebram os encontros, muito mais que a batida do rock. Milton Nascimento é o próprio modo de dizer à espera do que deve ser dito. É a melodia que faz vingar qualquer letra. João Bosco, prata dos anos 1970, já surge com o perfil da década: criador de melodias que põem o gênero (samba, partido alto, bolero...) a serviço de temas que serão desenvolvidos por Aldir Blanc. E assim sucessivamente.

A imensa crise financeira que atinge o Brasil a partir de 1973, e que só amenizaria nos anos 1990, impede o surgimento de nomes que dependeriam de uma oportunidade de gravação. Nenhuma empresa se arrisca em lançamento incerto. Consequências imediatas: parte da farta produção não revelada durante a década desponta no início dos anos 1980 em forma de "produção independente" e eleva-se a faixa etária dos "novos" artistas – os quais começam a carreira com mais de trinta anos e não mais com vinte e poucos, como na década anterior. De todo modo, os eleitos pelas gravadoras estabelecem importantes "territórios" musicais, cujas dicções estilisticamente livres de preconceito serão referências para a produção dos decênios seguintes. Quando o mercado abre espaço para o rock dos anos 1980, o que surge, no fundo, é mais uma das dicções da sonoridade brasileira. Pode-se dizer que nossa canção moderna se consolidou nos anos 1970.

Força de Permanência

A atuação do mercado de disco não é tão simples e homogênea quanto parece. A simplicidade que caracteriza a meta última de

O SÉCULO DA CANÇÃO

qualquer empresa comercial, a obtenção de lucro, supõe análises e estratégias que nem sempre se baseiam apenas em dados numéricos. A presença de empresários sensíveis à dimensão estética do produto, muitas vezes procedentes do meio artístico, é fenômeno corriqueiro das áreas de direção e decisão do mercado fonográfico. Ao mesmo tempo que concentram seus esforços nos lançamentos explosivos, esses agentes reconhecem que por trás das manifestações efêmeras da maior parte de seu *cast* algo de sólido deve permanecer nem que seja como garantia à preservação dos números já conquistados. Trata-se, na verdade, da permanência de conteúdos profundamente arraigados na comunidade que independem dos caprichos da moda ou mesmo das exigências juvenis: em qualquer época, precisamos celebrar os encontros, lamentar as separações, anunciar e denunciar situações, retratar o lirismo e a estética do cotidiano etc. Já há história suficiente na canção popular para se depreender um certo revezamento dos modos de dizer – envolvendo sempre melodia e letra – que serve justamente para contemplar esses conteúdos psicoculturais. Tudo ocorre como se o mundo financeiro, em interação com o mundo artístico, captasse e ao mesmo tempo influenciasse um ritmo de alternância cultural que serve para manter vivas e atuantes todas as dicções (modos de compor e de cantar) que formam o universo musical da nossa sociedade. Em outras palavras: não se pode cultivar um só gênero ou uma só dicção por muito tempo pois a sociedade é complexa e precisa dos gêneros e dicções abandonados para se reconhecer integralmente.

O predomínio, durante um bom tempo, da música norte-americana no Brasil, por mais que se atrelasse à tendência do imperialismo cultural até então considerada inexorável, acabou por acirrar, em escala nacional, as manifestações regionais que pareciam ador-

O DESENLACE: O LEQUE DAS DICÇÕES

mecidas para sempre. A indústria do disco rapidamente percebeu (e ajudou) esse movimento e equipou-se para extrair dele o máximo proveito. Note-se que seria mais fácil e interessante financeiramente incentivar a consolidação hegemônica do produto estrangeiro. Mas isso significaria a eliminação sumária de dicções que a sociedade não pode perder sob pena de ver ameaçada a própria identidade. Algo assim como uma *força de permanência* que se manifesta até mesmo na adoção dos estilos e das modas passageiras.

Quando se diz que a bossa nova veio recuperar uma dicção – na música e na letra – mais delicada e refinada, que estava se diluindo na retórica excessiva do samba-canção, trata-se de um exemplo do que denominamos força de permanência. É quando urge mudar para fazer permanecer alguns conteúdos ou alguns gestos com os quais a cultura, em sua globalidade, se identifica. Assim como o samba-canção inflacionou o mercado nos anos 1950 com suas melodias e mensagens passionais, o rock dos anos 1980 saturou os programas radiofônicos com suas inflexões predominantemente temáticas. O processo natural de compensação foi novamente acionado e, como sempre, de forma inesperada. Os recursos passionais foram reconvocados com uma veemência até então desconhecida na faixa do consumo de massa. Em vez dos boleros, dos sambas "dor de cotovelo" ou das baladas suficientemente consagradas no passado pelas vozes de Anísio Silva, Altemar Dutra ou mesmo Jamelão, as empresas fonográficas souberam captar no gosto de um vasto público a atração pelo canto a duas vozes, cuja origem estava na música caipira já bastante consumida em pequenas cidades do interior e na zona rural de modo geral. O gênero recebeu nova roupagem, modernizou-se visual e tecnicamente e, sob a designação de música sertaneja, atingiu picos de venda que ultrapassaram as cifras, até então imbatíveis, de Roberto Carlos. A simplicidade musical das composições, dos arranjos e a singeleza dos temas tratados nessas composições radicalmente passionais contribuíram para criar um lugar bem-definido de classificação desse velho estilo, já chamado em outros tempos de *kitsch*, cafona ou simplesmente romântico: o estilo brega. Se na década derradeira do século a música sertaneja encarnou o brega, outros gêneros, como o samba, o funk ou o rock, não mais esconderam o uso, com maior ou menor intensidade, do elemento brega, como algo já arraigado ao gosto brasileiro.

Muito bem recebida pelo público, a música sertaneja encontrou evidentemente uma forte resistência na faixa que já definimos como elite popular, aquela constituída a partir da bossa nova. Para ela, além de não apresentar qualquer riqueza musical digna de nota, esse tipo de canção ainda desvirtuou os recursos autênticos que havia nos arranjos e nos cantos caipiras. Tal visão, entretanto, não responde às principais perguntas que deveriam ter sido formuladas desde o início desse fenômeno de sucesso popular: como explicar a súbita promoção de um gênero local, considerado quase estático, a um plano de êxito nacional? Qual a razão da escolha dessa manifestação de origem rural? A que necessidade de conteúdo humano atende esse tipo de melodia e de letra? Ora, às empresas multinacionais, como já frisamos, teria sido bem mais fácil e barato insistir no modelo de importação dos produtos já consagrados nos EUA. Afinal, Michael Jackson, Madonna e Whitney Houston já vinham atingindo altos pontos de venda nos anos 1980. Tudo indica que esses nomes não supriam boa parte das carências de conteúdo (ou carências simbólicas) da população.

O apogeu da música sertaneja nas grandes redes de televisão brasileira foi simultâneo a uma significativa queda na popularidade do rock nacional no início dos anos 1990, o que resultou em nova exacerbação dos apelos passionais no mundo da canção. A

O DESENLACE: O LEQUE DAS DICÇÕES

contrapartida de praxe veio também da expansão de práticas locais. Desde a década anterior, o carnaval baiano vinha crescendo com seus blocos de rua animados por vigorosa percussão e com canções que alcançavam expressivo sucesso regional. Essas manifestações foram se expandindo no tempo (pelo resto do ano) e no espaço (para todo o país pelas redes televisivas) e muito rapidamente se equipararam ao *boom* sertanejo. Privilegiando agora os recursos temáticos, aqueles que exaltam os encontros e a alegria e que instigam os ouvintes a dançar, as novas canções, classificadas como música *axé*, passaram a dividir o mercado com a dicção passional das famosas duplas. Além do mais, ainda introduziram uma espécie de clipe ao vivo que literalmente magnetizou os telespectadores brasileiros num espetáculo de música e dança bem mais envolvente que os exibidos pelos habilidosos *superstars* norte-americanos (o auge disso foi atingido com a canção *É o Tchan*).

Paralelamente, um terceiro segmento contribuiu ainda mais para o reequilíbrio das formas populares consolidadas desde os anos 1930: o pagode. Mais associado ao lado brincalhão do samba do que a seu aspecto técnico, o pagode fez uso dos temas e refrãos típicos do gênero, o que lhe deu uma certa ginga contínua, mas adotou também melodias impregnadas dos traços bregas do canto sertanejo. Além disso, revigorou a presença das figuras entoativas nas canções à maneira dos sambas tradicionais.

Pois foi esse trio de gêneros – sertanejo, axé e pagode – que mais nitidamente se apoderou do mercado nacional de discos, gerando na sociedade global um misto de alegria e mal-estar. De um lado, o prazer imenso de multidões de fãs e, de outro, o desprezo aborrecido dos aficionados da canção de autor. Nessa nítida divisão de interesses estava a explicação do fenômeno. Programados para uma fruição a distância, os novos gêneros não

O SÉCULO DA CANÇÃO

resistiam à audição concentrada de músicos, intelectuais, jornalistas e de praticamente todos os setores da elite cultural. Essa sonoridade não trazia variação rítmica, sutilezas harmônicas, achados poéticos, arranjos diferenciados e nem mesmo se identificava com a procedência singela do canto caipira, do frevo ou do samba carnavalescos. Seu acabamento técnico era realizado em Los Angeles, com o propósito explícito de agradar a um público desprevenido que se relacionava com a canção "em bloco". Daí o equívoco da avaliação. O público envolvido pela nova moda se contentava em desfrutá-la de longe, das arquibancadas de imensos ginásios (ou estádios), ao ar livre, nos telões e, obviamente, na telinha das redes de TV, onde o *playback* e a produção dos programas garantiam a qualidade e a imponência do som. Este, aliás, era indissociável da imagem e ambos indissociáveis do espetáculo. Tudo isso junto, sem qualquer desmembramento crítico, proporcionava alegria, emoção e pronto.

Podemos imaginar um enorme *outdoor* concebido para o olhar de quem está distante do local. À medida que o observador se aproxima da imagem, sobressaem as granulações da foto que nada têm a ver com o efeito geral pretendido por seu programador visual. O fato de se ver de perto algo bem diferente do que fora projetado para a visão afastada não invalida o bom resultado obtido nas condições ideais. As canções "sem autor" dos anos 1990 valiam pelo sabor produzido de longe e seus intérpretes, muitos procedentes das camadas sociais desprestigiadas, exibiam a energia e o talento necessários a esses grandes espetáculos de comoção coletiva que jamais expunham os seus "grãos"[2].

---

2. O resultado desse trabalho é simetricamente oposto à sonoridade produzida por João Gilberto. A este intérprete só interessam os grãos, ou seja, todos os detalhes que só podem ser captados de perto.

Nova Configuração

Já dissemos que essa produção de grande consumo jamais ocupou o espaço de produções mais requintadas ou mais inventivas. A regra sempre foi a convivência, até porque jamais essas produções disputaram os mesmos canais de veiculação. Entre os gêneros propícios à audiência longínqua (axé, pagode...) e o estilo que exige uma escuta contígua, quase colada, como o de João Gilberto, o universo da canção brasileira apresentava, nos anos 1990, uma gama variadíssima de canções de autor veiculadas pelos próprios criadores (Herbert Vianna, Chico Science, Carlinhos Brown, Arnaldo Antunes, Lenine, Zé Miguel Wisnik, Chico César, Zeca Baleiro etc.) ou por cantoras do quilate de Marisa Monte, Cássia Eller, Zélia Duncan e Ná Ozzetti. Vozes como essas ainda mantiveram vivos alguns talentos sistematicamente excluídos do âmbito das gravadoras. O caso mais notório era o de Itamar Assumpção.

A redescoberta de Tom Zé pelo músico norte-americano David Byrne (ex-membro da banda Talking Heads) constituiu também um fenômeno próprio desse final de século. Tom Zé, como já dissemos, participara da fase intensa do tropicalismo por uma convergência momentânea de propósitos musicais, mas na realidade seu gesto de criação revelava outra procedência e outro desenvolvimento. Decorria da exploração sistemática das imperfeições, seja no domínio musical (composição, arranjo), seja na expressão do canto, o que lhe conferia um ângulo privilegiado para avistar os acontecimentos socioculturais e produzir inversão de valores e decomposição de formas cristalizadas no universo artístico. Pode-se dizer que, ao contrário do procedimento habitual dos cancionistas de estetizar o cotidiano, Tom Zé cotidianizava a estética: inseria as imperfeições, as insuficiências, os defeitos.

O SÉCULO DA CANÇÃO

Atingia assim, segundo suas próprias palavras, o "acordo tácito", que sempre sustentou uma relação de cumplicidade entre cantor e ouvinte, e propunha, no mesmo ato, a intervenção de um "descantor" produzindo uma "descanção"[3], totalmente desvinculada da noção de beleza até então cultivada. Portanto, isso nada tinha a ver com o projeto extenso (ou implícito) do tropicalismo que acabou engendrando a canção de rádio dos anos 1970 e abrindo espaço para a canção pop brasileira do final do milênio.

O gesto de Tom Zé custou-lhe anos de exclusão do cenário artístico "oficial" do país, num período em que, além de tudo, as empresas de gravação haviam eliminado o risco de seus investimentos musicais. Felizmente, nada disso impediu que o compositor persistisse em seu projeto e lançasse LPs, como *Todos os Olhos* (1973), *Estudando o Samba* (1976) e *Correio da Estação do Brás* (1978), que propunham novas formas de composição e novos recursos para o arranjo musical, a partir de objetos caseiros, eletrodomésticos e instrumentos especialmente concebidos para esse trabalho. Foi o que possibilitou o inacreditável acaso de sua reaparição em nosso meio[4], pois tudo indica que o seu nome só pôde entrar de vez na cultura nacional depois de ter sido lançado com sucesso nos EUA pela gravadora Luaka Bop, sob a direção de David Byrne, e de ter recebido os mais festejados elogios da crítica norte-americana especializada. Era como se o mundo tivesse se curvado diante da singularidade de uma criação que escancarava a imperfeição e a incompletude como qualidades alternativas à

---

3. Cf. essas noções em Tom Zé, *Tropicalista Lenta Luta*, São Paulo, Publifolha, 2003, p. 22.
4. Consta que David Byrne, em suas andanças pelo Brasil em busca de manifestações da música brasileira, comprou um disco de Tom Zé apenas pelo fato de exibir na capa, em letras graúdas, a palavra "samba" (*Estudando o Samba*). Esse acaso deflagrou todo o processo de reabilitação do compositor.

O DESENLACE: O LEQUE DAS DICÇÕES

eficácia do produto "bem-acabado" para o consumo. Era como se os "defeitos" assegurassem uma dinâmica cultural perdida nos acabamentos "perfeitos" do mercado sonoro. E, de quebra, Tom Zé personificava o Brasil – sem qualquer estereótipo de "autenticidade" regional – seguindo acintosamente uma trilha própria, construída nos vãos desprezados pelas iniciativas internacionais[5].

O fato de ter conseguido nos EUA o "visto" para poder reentrar com prestígio no Brasil só reforça a contradição básica do final do século que já destacamos no desfecho do terceiro capítulo: a globalização foi o principal agente de valorização das forças locais. O esforço de apropriação de amostras culturais de todo o planeta[6] para a constituição de uma *world music* com sede na América do Norte talvez não tenha cumprido plenamente sua meta centralizadora, mas despertou sem dúvida o ânimo das manifestações regionais e pessoais de grupos e artistas que, muitas vezes, apenas hibernavam em suas terras de origem. Nesse sentido, o *affaire* Tom Zé ilustra, com profusão de detalhes, o encontro das duas tendências que proporcionaram a diversidade sonora – ou "singularidade plural"[7] – que marcou a década de 1990. De um lado, a força que vinha de fora, ou seja, aquela que buscava a música universal na constância entre as infinitas particularidades das manifestações locais e, de outro, a força de dentro, aquela desencadeada pelo tropicalismo e que gerara a canção pop brasileira compatibilizada com o mercado de consumo e aberta a todos os influxos interna-

---

5. Consciente desse papel, o autor deu ao seu primeiro disco voltado para o mercado externo o título de "Fabrication Defect", caracterizando suas faixas como "DEFECT 1", "DEFECT 2" e assim por diante.

6. A pesquisa de Byrne no Brasil é um exemplo desse esforço, que não se vinculava a qualquer projeto institucional.

7. A expressão é de José Miguel Wisnik em artigo para o jornal *Folha de S. Paulo* de 8.1.1996.

O SÉCULO DA CANÇÃO

cionais. Tom Zé se fez presente em ambas as tendências, além de intrigar com suas realizações os mais altos representantes da música erudita contemporânea[8].

Acontece que em atuação conjunta com esses fatores altamente específicos, circunstanciais, e até emblemáticos, do retorno de Tom Zé na última etapa do século XX, pairava uma cumplicidade do compositor com um público fiel e, a essa altura, com uma nova geração que, independentemente dos interesses imediatos das principais gravadoras, reclamavam sua presença, esta sim, imediata. Tudo transcorria como se ter ido aos EUA "fosse necessário para voltar"[9] ao Brasil, pois em nenhum momento o artista se radicou no exterior para impulsionar a carreira na direção daquele mercado[10]. A repercussão internacional do seu trabalho foi sempre fruto do que aqui produzia. Seus concertos desconcertantes traziam um viço que atingia diretamente a juventude e multiplicava os "acordos tácitos" responsáveis pelo vínculo duradouro entre artista e público. Sua dicção foi se tornando imprescindível para a sonoridade do país e, em última instância, para a revitalização de alguns conteúdos desaparecidos ao longo da década perdida.

Em termos menos espetaculares, outros artistas, que também desfrutavam a cumplicidade do público, mas que por essa ou aquela razão caminhavam um tanto à margem dos projetos comerciais das

8. H. J. Koellreutter se mostra verdadeiramente deslumbrado com a audição da música *Toc* de Tom Zé em depoimento – talvez o último de sua longa e intensa participação na vida musical brasileira – colhido por Carla Gallo para o seu documentário sobre o compositor baiano, patrocinado pelo Instituto Itaú Cultural na seção "Rumos Cinema e Vídeos", em 1999. Esse fato revela o alcance da produção popular que voltava a ter destaque, ainda que por vias tortuosas, no país dos anos 1990.

9. Fragmento de *Back in Bahia* de Gilberto Gil.

10. Portanto, o caso de Tom Zé nada tem a ver com expressões da música brasileira (Sérgio Mendes, por exemplo) que só encontraram saída para o seu trabalho no mercado externo.

O DESENLACE: O LEQUE DAS DICÇÕES

gravadoras, já vinham sendo gradativamente reabilitados à medida que as condições econômicas do país tornavam-se um pouco mais estáveis. O primeiro deles talvez tenha sido Erasmo Carlos, mas chamou a atenção de todos igualmente o ressurgimento de Elza Soares e Luiz Melodia que há tempo mantinham-se afastados do centro de difusão musical. Enfim, a recuperação de dicções relegadas ao esquecimento era apenas um indício significativo de como a força de permanência se configurou no último decênio do século.

Até a entrada dos anos 1990, como vimos, a preservação de todas as nossas dicções sonoras era o que regulava, quase que naturalmente, a passagem de um estado hegemônico a outro. Sentíamos a presença dinâmica dessa força de permanência toda vez que um estilo passava a reinar de maneira absoluta. Era o que fazia reacender imediatamente os traços da dicção esquecida. Por trás da constatação desse fenômeno subsiste a ideia de que a sociedade é sempre solidária consigo mesma e se quer por inteira ("e não pela metade", como diz a canção). Daí sua cumplicidade inabalável com os artistas que representavam em si essa força de permanência. Atuando ou não no gênero da moda, vendendo ou não o tanto que se calculava, artistas como Dorival Caymmi, Gal Costa, Chico Buarque, João Gilberto, Milton Nascimento, Marisa Monte, Caetano Veloso, João Bosco, Tom Jobim e os demais desse gabarito eram sempre bem-recebidos e apoiados pela indústria fonográfica já que expressavam, com nitidez, o ponto de equilíbrio das dicções do Brasil.

Com a retomada dos investimentos econômicos e, portanto, com a possibilidade de ampliação do mercado fonográfico nos anos 1990, o que coincidiu também com um progresso nunca visto na área eletrônica, a força de permanência, fundada na cumplicidade entre artistas e público, passou a gerar concomitância de gêneros,

O SÉCULO DA CANÇÃO

estilos ou modos de dizer (*Tudo ao Mesmo Tempo Agora*, como alardeava o título de um LP dos Titãs desse período), no lugar do revezamento cronológico das hegemonias. Tal convivência das dicções proporcionaram também uma certa mobilidade entre os representantes das diversas faixas de consumo. Lembremos, por exemplo, que o flerte de Caetano com a bela canção (brega?) de Peninha, *Sozinho*, rendeu-lhe uma inesperada visita ao mundo das cifras astronômicas de vendagem e, ao mesmo tempo, reverteu-se em oportunidade única de trazer um enorme contingente de ouvintes para o mundo refinado de *Prenda Minha*, CD que incluía *Sozinho* ao lado de um repertório de altíssima qualidade. Fatos como esses, comuns aliás na trajetória do compositor desde o tropicalismo, ajudaram a desfazer a dicotomia música artística / música de consumo. Mas os sinais de intercâmbio entre as diferentes faixas comerciais podiam ser observados em diversas circunstâncias: Nando Reis produzindo CD de Cássia Eller, Gal Costa e Maria Bethânia gravando José Miguel Wisnik ou Paulinho da Viola compondo com Eduardo Gudin e tocando choro no CD independente do violista Fábio Tagliaferri.

Mas as vendas cresceram no geral em todas as frentes da produção nacional de tal sorte que as posições ocupadas pelos artistas na escala de popularidade foram sendo proporcionalmente elevadas. Desde o artista independente – que pôde finalmente gravar o seu primeiro CD com certa facilidade – até nomes que contavam com um público fiel, mas limitado ou mesmo aqueles que, como já analisamos, encontravam-se afastados do centro de agitação e de sucesso, todos, ou quase todos, sentiam-se agora promovidos em termos de oportunidades e de prestígio no meio. O rock nacional encontrou soluções mais afinadas com a tradição do país, deixando-se resvalar no brega, sem perder o vigor temático que fascina

O DESENLACE: O LEQUE DAS DICÇÕES

particularmente a juventude estudantil ainda fora do mercado de trabalho. Legião Urbana, Paralamas do Sucesso, Barão Vermelho e Titãs consolidaram suas carreiras a partir desse diálogo com a história recente da canção popular (a proximidade entre Renato Russo e Jerry Adriani não estava apenas na coincidência vocal de timbre, mas também na forma interpretativa das composições; igualmente significativa foi a inflexão romântica dos Titãs, em direção à dicção de Roberto Carlos).

Enquanto isso, o espaço de rebeldia da juventude excluída, órfã do rock de "atitude", começa a se recompor em torno de um canto que radicalmente eliminava as durações vocálicas próprias da face melódica da canção, anunciando assim um rompimento com as formas de expressar lamúrias e desventuras amorosas. Nem passional, portanto, nem propriamente temático, esse canto recuperava a entoação pura, não pelo breque do samba nacional, mas pelo *break* da cultura hip hop oriunda de Nova York. Na verdade, as articulações entrecortadas e rimadas do rap brasileiro inauguravam uma outra via de aproximação com a sonoridade norte-americana: em vez da influência pop habitual, mantida desde os tempos de Frank Sinatra, agora a identidade estava na exposição crua da matéria-prima de toda canção popular: a fala. Não havia recurso mais adequado à denúncia direta das condições socioeconômicas que geravam o desamparo das minorias pobres dos bairros e periferias daqui e de lá. A voz permanecia musicalmente livre para relatar o que quer que fosse, desde que respeitasse alguns núcleos rítmicos e, por vezes, alguns refrãos contendo palavras de ordem. No mais, era o aqui/agora enunciativo que dava o tom do discurso, exatamente como ocorre com nossa linguagem cotidiana. O ato de cantar já constituía em si uma ação social instantânea sem qualquer preocupação especial com a perenidade de cada desempenho ou

O SÉCULO DA CANÇÃO

criação. Pois até nesse campo de intervenção altamente específica abriu-se o leque das dicções dos anos 1990: tínhamos o "pop rap", glamoroso e volátil, de Gabriel o Pensador, que atingia níveis extraordinários de venda, e o "rap-rap", contundente e terreno, dos Racionais MC's, que cultivava uma oralidade essencial inusitada no estilo, mas, como vimos, familiar à cultura brasileira. Entre ambos, dezenas de bandas repartiam fatias de um mercado emergente que atravessou o século em plena ascensão.

Essa foi a década também da consagração do universo cancional como palco para a celebração dos nossos rituais comunitários. Alguns artistas ou bandas encarnaram de tal modo o modelo da superpopularidade que o êxito dos principais acontecimentos e projetos da nação passou a depender, em alguma instância, de seu aval. Foi a década em que tudo começava ou acabava em show. Não é por outra razão que, a pretexto de sacramentar a comunhão do público com ídolos musicais, Padre Marcelo, atuando como ídolo no mundo da canção, pôde realizar a mundanização de que a Igreja católica tanto necessitava para reconquistar seus fiéis.

De maneira geral, houve um aumento considerável das oportunidades profissionais para o cancionista. Até então a profissão só existia a partir de um certo grau de destaque como compositor, intérprete ou instrumentista e, o mais grave, só depois que chegasse a sua hora e a sua vez na sequência das alternâncias dos estilos em voga. Com a era das concomitâncias, o crescimento geral do mercado foi criando novas demandas que se converteram em aproveitamento de nomes que estavam na ativa, independentemente de seu nível de reconhecimento. Nesse sentido, tivemos alguma descentralização do sucesso. Embora a parte do leão do mercado estivesse como sempre reservada a pouquíssimas expressões do gênero da moda e, por outro lado, apenas as grandes capitais con-

O DESENLACE: O LEQUE DAS DICÇÕES

centrassem em sua área os megaeventos, artistas de todas as faixas passaram a realizar excursões pelas demais capitais e pelo interior do país, divulgando o trabalho ou, simplesmente, exercendo sua atividade profissional de forma contínua, sem experimentar o isolamento paralisante das décadas anteriores. De fato, para dar vazão à enorme produção musical que não pertencia à faixa do consumo de massa, foram implementados numerosos projetos patrocinados por instituições bancárias, empresariais ou do comércio, que acabaram por gerar uma efervescência cultural paralela à veiculada pelas principais redes de TV. As televisões educativas e o crescimento das opções por assinatura encarregaram-se de ampliar o alcance desses eventos que se multiplicavam mês a mês, principalmente em São Paulo. A necessidade de acesso a manifestações alternativas correspondia então, guardadas as devidas proporções, ao avanço da produção comercial nas grandes redes.

Era como se o mercado tivesse descoberto ou intuído (já que não há nada mais imprevisível do que as leis do mercado), para além de suas avaliações numéricas, que o valor supremo era realmente essa cumplicidade do público com o artista. Só ela afinal era capaz de fazer durar uma convivência e, do ponto de vista financeiro, servir de base para um planejamento de custos e benefícios. Os picos de vendagem desafogavam a empresa, traziam euforia, mas não podiam durar por sua própria natureza: eram descontinuidades no processo cultural (talvez a única contraprova seja o cantor Roberto Carlos que se tornou, por isso, um emblema nacional). Daí então a intensa aposta nessas e em outras iniciativas que beneficiassem os gestos duradouros.

Pode-se destacar ainda, nessa linha, (1) a prática de convites para participação no disco do colega. Nada como a presença de um artista de "permanência" garantida no mundo do disco para dar um empurrãozinho nas vendas, mas sobretudo para transferir um pouco da perenidade do seu carisma ao novo trabalho; (2) as regravações de antigos sucessos. Nunca houve tanta retomada do repertório fartamente consagrado. Desde os relançamentos de antigos LPS em formato de CD até as compilações dos melhores momentos da carreira, passando pelos *songbooks* e pelas reinterpretações de clássicos do cancioneiro nacional e internacional, tudo isso revelava uma preocupação com a preservação das dicções; (3) a chegada dos novos não tão "novos". Seja pela faixa etária acima dos trinta, seja pela experiência acumulada no ramo (alguns já em "segunda" carreira), boa parte dos novos artistas já traziam na bagagem um currículo respeitável, conquistado com anos de estrada. Abriu-se então um lugar no mercado (mesmo que sem a plenitude desejada) para dar respaldo à densidade de um Antonio Nóbrega, à singularidade de um Arnaldo Antunes ou de um Itamar Assumpção, todos produzindo exatamente o que desejavam. Carlinhos Brown, por sua vez, sintetizava o que ocorria naquele momento com a música brasileira: quanto mais se preocupava com o seu Candeal, mais se tornava universal – e vice-versa.

Por fim, a explosão em leque das várias faixas artísticas foi tão expressiva que mesmo o imenso Brasil tornou-se pequeno para acolher toda a produção que se multiplicava a cada ano. Iniciou-se então a difusão de alguns nomes no exterior. Essa iniciativa favoreceu desde os representantes da faixa de grande consumo (Só Pra Contrariar, Daniela Mercury, Paralamas) até os artistas fartamente consagrados (Chico Buarque, Caetano, Milton Nascimento), passando por novos valores (Chico Cesar, Lenine, Zélia Duncan) e pelos já citados fenômenos de reabilitação como Luiz Melodia e Tom Zé.

O DESENLACE: O LEQUE DAS DICÇÕES

O crescimento proporcional de quase todas as frentes de atuação musical no Brasil do final do século deveu-se a diferentes fatores que vão desde a fecundidade de nossa produção popular até a melhoria das condições, técnica e financeira, de produção (ainda não suficientemente acompanhadas pelas condições de distribuição) de discos e shows, mas certamente deveu-se também à tomada do mercado pela música brasileira e à repercussão desse fenômeno em todas as escalas de criação e consumo. Nada porém foi tão determinante quanto a nova configuração das dicções em concomitância, que veio ampliar consideravelmente a margem de cumplicidade entre artistas e público (ou públicos) e calibrar a força de permanência responsável pela identidade sonora de nossa cultura. A sociedade como um todo – não só ouvintes individuais, mas também grupos institucionais, pequenos selos e até grandes empresas de gravação – mostrou-se sensível e integrada à diversidade sonora nos anos 1990. Na aurora no século XXI já se podia prever que a exacerbação do gênero tipicamente brasileiro – e em português – prenunciava a médio prazo um novo *boom* da música anglo-americana, quando não da italiana, da espanhola ou da hispano-americana. Afinal todas essas compõem a dicção brasileira e sua ausência prolongada, por incrível que pareça, também ameaça a nossa identidade musical.

BIBLIOGRAFIA

ALMIRANTE. 1977. *No Tempo de Noel Rosa*. Rio de Janeiro, Francisco Alves.

ANDRADE, Mário de. 1964. *Modinhas Imperiais*. São Paulo, Martins.

_____. 1965. *Aspectos da Música Brasileira*. São Paulo, Martins.

_____. 1976. *Pequena História da Música*. São Paulo/Brasília, Martins/INL.

_____. 1989. *Dicionário Musical Brasileiro*. Belo Horizonte/São Paulo, Itatiaia/Edusp.

BARTHES, Roland. 1974. *Novos Ensaios Críticos. O Grau Zero da Escritura*. São Paulo, Cultrix.

BOTEZELLI, J. C. (Pelão) & PEREIRA, A. 2000. *A Música Brasileira deste Século por seus Autores e Intérpretes*, n. 3, São Paulo, Sesc.

CAMPOS, Augusto de. 1974. *Balanço da Bossa e Outras Bossas*. 2ª edição. São Paulo, Perspectiva.

CARPEAUX, Otto Maria. 1999. *Uma Nova História da Música*. Rio de Janeiro, Ediouro.

CASTRO, Ruy. 1990. *Chega de Saudade*. São Paulo, Companhia das Letras.

ENCICLOPÉDIA da Música Brasileira: Popular, Erudita e Folclórica. 2ª ed., São Paulo, Art Editora / PubliFolha, 1998.

FAVARETTO, Celso. 1996. *Tropicália: Alegoria, Alegria*. 2ª edição. São Paulo, Ateliê Editorial.

GALVÃO, Walnice N. 1976. *Saco de Gatos*. São Paulo, Melhoramentos/Edusp.

GARCIA, Walter. 1999. *Bim Bom: A Contradição Sem Conflitos de João Gilberto*. São Paulo, Paz e Terra.

LOPES, Edward. 1989. "Paixões no Espelho: Sujeito e Objeto como Investimento Passionais Primordiais". *Cruzeiro Semiótico*, n. 11-12, Porto.

O SÉCULO DA CANÇÃO

MARTINS, Wilson. 1976. *História da Inteligência Brasileira*, vol. I. São Paulo, Cultrix/ Edusp.

ROUSSEAU, Jean-Jacques. 1973. "Ensaio sobre a Origem das Línguas". *Os Pensadores*, n. XXIV, São Paulo, Abril Cultural.

RUIZ, Roberto. 1984. *Araci Cortes: Linda Flor*. Rio de Janeiro, Funarte.

SANDRONI, Carlos. 2001. *Feitiço Decente*, Rio de Janeiro, Jorge Zahar.

_____. 2001. "Ritmo Melódico nos Bambas do Estácio". In: MATOS, C. N. *et alii* (orgs.). *Ao Encontro da Palavra Cantada – Poesia, Música e Voz*. Rio de Janeiro, 7 Letras.

SILVA, Marília T. Barboza da & OLIVEIRA FILHO, Arthur L. de. 1983. *Cartola, Os Tempos Idos*. Rio de Janeiro, Funarte.

SODRÉ, Muniz. 1979. *Samba: O Dono do Corpo*. Rio de Janeiro, Codecri.

TATIT, Luiz. 1994. *Semiótica da Canção: Melodia e Letra*. São Paulo, Escuta.

_____. 1996. *O Cancionista: Composição de Canções no Brasil*. São Paulo, Edusp.

TINHORÃO, José Ramos. 1975. *Pequena História da Música Popular*. Petrópolis, Vozes.

_____. 1981. *Música Popular – Do Gramofone ao Rádio e TV*. São Paulo, Ática.

_____. 1988. *Os Sons dos Negros no Brasil*. São Paulo, Art Editora.

_____. 1990. *História Social da Música Popular Brasileira*. Lisboa, Editorial Caminho.

VALENÇA, Suetônio Soares. 1989. *Tra-la-lá: Lamartine Babo*, 2ª ed. Rio de Janeiro, edição do autor.

VALÉRY, Paul. 1991. Poesia e Pensamento Abstrato. In: *Variedades*. São Paulo, Iluminuras.

VELOSO, Caetano. 1997. *Verdade Tropical*. São Paulo, Companhia das Letras.

VIANNA, Hermano. 1995. *O Mistério do Samba*. Rio de Janeiro, Jorge Zahar/Editora UFRJ.

WISNIK, José Miguel. 1982. "Getúlio da Paixão Cearense (Villa-Lobos e o Estado Novo)". In: SQUEFF, Ênio & WISNIK, J. M. *Música*. São Paulo, Brasiliense.

_____. 1979-1980. "O Minuto e o Milênio". *Anos 70 – Música Popular*. Rio de Janeiro, Europa Empresa Gráfica e Editora Ltda.

_____. CD-ROM, Página da Web, *Brasil em Foco* / Arte e Cultura / Música (Projeto "É Tempo de Brasil"), Ministério das Relações Exteriores-Assessoria de Comunicação Social, Editora Terceiro Nome.

_____. 1996. "Cajuína Transcendental". In: BOSI, Alfredo. *Leitura de Poesia*. São Paulo, Ática.

ZÉ, Tom. 2003. *Tropicalista Lenta Luta*. São Paulo, Publifolha.

ZILBERBERG, Claude. 2004. "As Condições Semióticas da Mestiçagem". Trad. Ivã Carlos Lopes. In: CAÑIZAL, Eduardo Peñuela e CAETANO, Kati Eliana (orgs.). *O Olhar à Deriva: Mídia, Significação e Cultura*. São Paulo, AnnaBlume.

Título	O Século da Canção
Autor	Luiz Tatit
Editor	Plinio Martins Filho
Editoração Eletrônica	Aline E. Sato
	Amanda E. de Almeida
	Victória Cortez
Capa	Tomás Martins
Papel de Miolo	Pólen Soft 80 g/m^2
Papel de Capa	Cartão Supremo 250 g/m^2
Formato	14 x 21 cm
Número de Páginas	252
Tipologia	Minion Pro
Impressão	Rettec